ТБ Джошуа
Божий Слуга

ТБ ДЖОШУА

Божий Слуга

Гэри и Фиона Тонг

Публикация Ен Геди
Объединенное Королевство

Первое Английское Издание, Июнь 2021.
Данный Русский Перевод Осуществлен Тимуром Кайназаровым, Сентябрь 2021.

ISBN 978-1-9168991-1-7

En Gedi Publishing Ltd
Union House, 111 New Union Street
Coventry CV1 2NT

www.tbjservantofgod.com

Признательность от Т. Б. Джошуа

Содержание

Предисловие

Т. Б. Джошуа записал признательность книге «Т. Б. Джошуа – Божий Слуга» на видео 20 апреля 2021 года на «Молитвенной Горе» Церкви «Синагога Всех Народов», месте, где он проводил так много времени в поисках Бога в молитве.

Через несколько недель, 5 июня 2021 года, он вошел в «Молитвенный Сад» и обратился к собравшимся, ожидающим его, и к более широкой аудитории телезрителей «Emmanuel TV» с тем, что стало его последним наставлением:

> «Я хочу поблагодарить вас за ваше время и за ваше сердце для Иисуса.
>
> Для всего есть свое время, время приходить на служение и время возвращаться домой после служения».

Он ободрил каждого находящегося там цитатой из Евангелия от Матфея 26:41: *«Бодрствуйте и молитесь»*.

Затем, покинув «Молитвенный Сад», Т. Б. Джошуа которому на тот момент было 57 лет, был незамедлительно призван домой, чтобы быть с Господом.

Присутствующие рассказывали о посещении ангелами Молитвенного Сада в тот день.

Он хорошо завершил свои земной путь, и его земное поручение было выполнено.

Когда новость о его уходе разлетелась по миру, опутанному сетью цифровой связи, начала поступать глубокая дань памяти и почтения со всех стран, на всех языках, от тех, кто имел честь встретиться с ним лично, а также от многих, кто встречался с ним только посредством «Emmanuel TV».

Слова благодарности и почтения поступали из кабинетов президентов, в том числе нынешнего президента Нигерии, бывших президентов, губернаторов провинций Нигерии, а также правительственных чиновников из других стран, известных музыкантов и актеров, журналистов и спортсменов.

Со всего Африканского континента другие президенты, включая президентов Южного Судана и Либерии, официально признали его достижения в качестве международного миротворца и отметили, что его уход стал потерей для всего христианского мира в целом и для Африки в особенности.

Бесчисленное количество людей делились и размышляли о том, как он учил их любить, прощать и о важности сделать Святую Библию (Слово Божье) образцом для их жизни. Как прокомментировал один телезритель из России: «Бог совершил духовную революцию через Свой сосуд – Пророка Т. Б. Джошуа, изменяя внутренний мир христиан, их умы и сердца».

Т. Б. Джошуа оставил наследие служения и жертвенности ради Царства Божьего, которое продолжает жить для еще не родившихся поколений. По его собственным словам,

> «Одна жизнь для Христа — это все, что у нас есть; одна жизнь для Христа так драгоценна».

ЭТО ТО, ЧТО МЫ ИСКАЛИ!

Мы стояли на большой крытой арене с широко раскрытыми от удивления ртами. Мы наблюдали сцену, из Библии, из Евангелий, разворачивавшуюся прямо перед нашими глазами. Это был не отрывок из кинофильма; это происходило в реальности.

«В могущественное имя Иисуса Христа!»

Люди по всему залу начали реагировать на молитву, исполненную власти. Те, кого угнетали нечистые и сатанинские духи, более не могли это скрыть; тьма внутри них была вскрыта и видима всем окружающим. Люди кричали и закатывали глаза, падали на пол, корчились. Люди с костылями и в инвалидных колясках подня-лись, по мере продолжения молитвы веры. Они шли, и их сила увеличивалась с каждым новым шагом.

«Те из вас, у кого мало веры, я буду молиться за вас, чтобы вашей веры было достаточно» — звучала эхом молитва. Это был Божественный момент. Это было все равно что, увидеть Иисуса за работой, и с тех пор,

Общая молитва в Сингапуре

где бы мы ни показывали запись этого события, происходили чудеса. К примеру, годы спустя, на евангелизационном собрании на глухой улице в центральной части города Лахор в Пакистане, видео проецировалось на экран на улице напротив — разворачивалась та же сцена, и у одной женщины открылись слепые глаза.

Евангелизация Т. Б. Джошуа в Мексике

Перенесемся на несколько лет вперед к более позднему событию, которое состоялось на крупнейшем футбольном стадионе латинской Америки с его крутыми высокими стенами; куда бы вы ни посмотрели, были люди из всех слоев общества, испытывавшие мгновенные чудеса, по мере того как молитва разносилась по стадиону. От них не требовалось никакой платы, чтобы попасть на огромный стадион, и никто не ожидал, что они будут покупать какие-либо товары. Когда они стали свидетелями сверхъестественной работы Бога и эффекта от общей молитвы по всему стадиону, они спонтанно пели *Cristo Vive* — Христос жив.

Те же сцены в «Национальном Крытом Стадионе» в Сингапуре в 2006 году и на стадионе «Ацтек» в Мехико в 2015 году, а пастором, который молился, был человек по имени Т. Б. Джошуа.

Кто этот Иисус, в могущественное имя которого была вознесена молитва, в результате которой страждущие были исцелены, а угнетенные освобождены? Он — Сын Божий, который пролил Свою кровь на кресте за наши грехи и чьими ранами мы были исцелены.

Т. Б. Джошуа в 2003 г.

Кто был этот человек, Т. Б. Джошуа, провозглашавший слово и власть Иисуса Христа? Откуда взялась сила, чтобы без излишнего хайпа и истерии оказать такое драматическое воздействие?

Почему здесь находились мы, консервативная образованная британская пара из среднего класса, средних лет из типичного английского соборного городка? Как мы оказались вовлеченными в это противоречивое движение Божье?

Раскрывающаяся Божья Цель

«Много замыслов в сердце человека, но состоится только определенное Господом». (Притчи 19:21)

> «Когда Всемогущий Бог исполняет Свой план в нашей жизни, Он также создает и устраивает события, которые продолжают разворачиваться, пока Его цель не откроется в нашей жизни».[1]

«Золотая нить» Божьего замысла должна была быть вплетена в историю наших жизней. Много лет назад, до того, как мы встретились друг с другом, мы пережили реальность Иисуса в том же месяце того же года (май 1973 г.), хотя наши пути не пересекались еще пять лет. Тогда это положило начало нашему совместному путешествию к Божественной судьбе и нашей связи с Т. Б. Джошуа.

Побывав на многих христианских конференциях, встречах и крупных собраниях по всему миру, быв свидетелями создания христианских видео и различных пособий для проповеди Евангелия, таких как Альфа-курс, и прочитав сотни книг, наконец пришло «наше время». Время получить ответ на наши молитвы таким образом и путем, которого мы не ожидали. Это проведет нас через удивительное путешествие, как внутреннее, так и внешнее, которое даст нам увидеть, как прославляется имя Иисуса и подтолкнет нас к будущему, которое сам Бог приготовил для нас.

Жизни у нас обоих уже были абсолютно заняты под отказ. Имея успешную инженерную карьеру в сфере регулирования частного телевещания, Гэри также в свободное время проповедовал в нашей поместной церкви. Фиона занималась благотворительностью и церковной работой, заботилась о семье и устраивала «дни открытых дверей» для самых разных гостей в нашем доме. Наши

---

1 Это «цитируемое выражение» Т. Б. Джошуа. В оставшейся части книги такие цитаты будут обозначаются аналогичным отступом.

дети, которые еще учились, также испытали глубокое влияние на свою жизнь и начали свой личный путь к своей судьбе с Богом.

В 1990-х годах репутация мощного служения исцеления и освобождения Т. Б. Джошуа росла, вначале поместно переходя из уст в уста, а затем благодаря видеоклипам, показываемыми нигерийскими телеканалами.

В одном видеоклипе был показан мужчина с ужасной подобной глубокой ране язвой ягодиц (рак ягодиц), который не мог сидеть и даже не мог больше употреблять пищу. Когда его положение ухудшилось, его «выбросили» на обочину дороги. «Добрый самаритянин» нашел способ привести его к Т. Б. Джошуа, в церковь известную как Церковь «Синагога Всех Народов». Там он получил молитву веры, которая познакомила его с Целителем — Иисусом Христом. Как неоднократно повторял Т. Б. Джошуа:

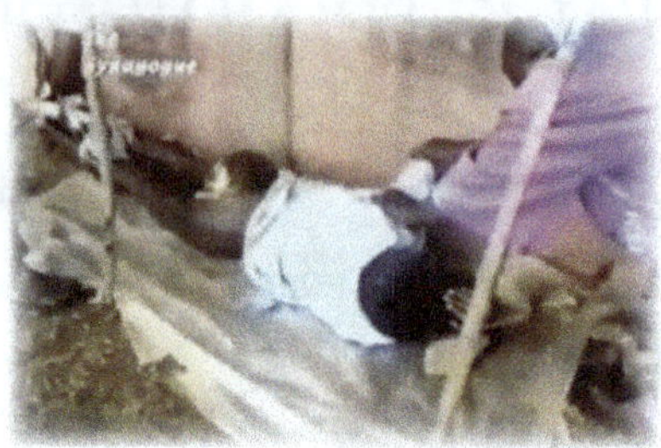

Мужчина Страдающий Раком Ягодиц

Свидетельство Последовавшее за Его Чудесным Исцелением

> «Я — не целитель. Я лишь знаю Целителя; Его имя Иисус Христос!»

Под действием Святого Духа после молитвы рана чудесным образом зажила. Этот человек засвидетельствовал все произошедшее с ним перед группой западных наблюдателей, и этот рассказ был включен в сборник «Божественные чудеса 5» на видеокассете в формате VHS. Восторженные посетители церкви брали домой копии видеозаписи, чтобы повсюду делиться ими.

Так, известия о том, что Бог совершал в жизни Пророка Т. Б. Джошуа просочились в Европу через южноафриканских пасторов, посетивших Нидерланды, а оттуда в наш небольшой тихий город Винчестер в Англии. Пастор, которого мы знали, посетивший Церковь «Синагога» не один раз, был частью нашей церковной сети. Он пригласил в гости друга из нашей маленькой церкви. Он привез с собой несколько видеороликов, в том числе и «Божественные чудеса, часть 5», в которых был показан мужчина, исцеленный от рака ягодиц.

В феврале 2001 года, после посещения Церкви «Синагога Всех Народов» в Лагосе, этот общий друг пришел на наше церковное собрание, встал и поприветствовал нас: «Эммануил!», что означает «с нами Бог». Внимательно прислушавшись, к этому приветствию что-то внутри Фионы сразу привлекло ее внимание. В этом слове была сила!

Мы посетили короткое ежемесячное лидерское собрание нашей церкви. Наш пастор, который всегда искал большего, свидетельств «подлинного христианства», был в восторге от видео, привезенных из Церкви «Синагога». На встрече, где у нас было так много моментов, которые, как мы считали, необходимо срочно обсудить, он сказал, что вместо этого нам нужно посмотреть эти видео, так как, если они были подлинными, они были очень важны. Видео оказали на него глубокое впечатление, и он понял, что это гораздо важнее, чем административная встреча с нашими лидерами.

Мы смотрели трясущуюся почти что любительскую видеосъемку и глубоко удивлялись. На нас оказало влияние не только отношение нашего пастора, но и сами видео. В тот вечер Бог посеял свое семя в наши сердца. Мы благодарим Бога за то внимание, которое наш пастор уделил великому чуду и библейскому учению о Святом Духе с одного из видео роликов под названием «Божественные Лекции».

Мы увидели нечто особенное, и перед Богом теперь нам не было оправдания! Мы видели невероятное библейское чудо в духе нового завета, записанное на видео, что-то, что наглядно доказывало нам:

> «Эпоха чудес не прошла. Чудотворец жив до сих пор — Его имя Иисус Христос!»

Оглядываясь назад, можно сказать, что это было ответом Бога на наши молитвы — он указывал нам на реальную (не теоретическую или желаемую) возможность исполнения нашей мечты о прославлении имени Иисуса и пробуждении.

«Ваши величайшие возможности и вызовы приходят без предупреждения».

Наш опыт в Церкви «Синагога»

Первый Визит Гэри

Местная Сцена из Лагоса в 2001 г.

Церковный автобус из аэропорта раскачивался проезжая по насыпным и разбитым дорогам и иногда, словно для того, чтобы сделать наше путешествие более увлекательным, начинал съезжать на противоположную сторону дороги прямо в потоке машин! Водитель относился к этому с некой обыденной небрежностью — обыкновенное дело каждого дня.

Это был мой самый первый визит в Нигерию и Церковь «Синагога Всех Народов», и несмотря на то, что моей соседкой в самолете была женщина, которая пыталась предупредить меня, чтобы я не приезжал туда, я был полон решимости сохранять непредвзятость.

Проезжая мимо множества церквей и мечетей по пути и лицезрев на улицах массу людей, являющихся частью жизни Лагоса, мы подъехали к церкви.

Алтарь был местом, куда люди приходили молиться, и в этом было культурное отличие от современных западных протестантских церквей, с которыми я был более знаком, в

Алтарь Церкви Синагога Всех Народов в 2001 г.

которых внимание отводилось, как правило, иному месту для поклонения.

Сон в общежитии и отличная от привычной мне пища, были частью комплекта оказанных при посещении церкви услуг, но, когда я сидел в теплом зале для богослужения с моей Библией в руках, в голове у меня возникло два вопроса. Я дал понять своей критически настроенной соседке в самолете, что буду внимательно наблюдать, превозноситься ли имя Иисуса в этом месте и какое здесь отношение ко греху. Именно эти две вещи оказались наиболее примечательными особенностями моего визита. Имя Иисуса здесь было гораздо более важным, чем я где-либо видел раньше, и фраза «не греши больше» была не только девизом, но и отражала истинное посвящение.

Публичное исповедание греха оказало на меня огромное впечатление. Один из моих товарищей по группе оказался бывшим наркоманом, который, попал в военизированную повстанческую группировку в Северной Ирландии. Его избавление от злых духов во время служения в Церкви «Синагога» было драматичным, а от его признания волосы становились дыбом. Тем не менее, кое-что меня глубоко поразило в образцовом вступлении, которое один из евангелистов постоянно произносил при каждом исповедании грехов кем-либо. Когда он произнес слова: «Только Всемогущий Бог может определить, является ли один грех больше, чем другой» — мое сердце вдруг пронзило понимание: а как насчет моего собственного, более «личного» греха? Кто может сказать, что бы сделал я, если бы оказался на его жизненном месте, или что бы сделал он, если бы оказался на моем?

Святой Дух обличил меня в лицемерии и «религиозности». Позже, во время личной встречи с Пророком Т. Б. Джошуа, он сделал несколько заметок на неизвестном языке, а затем передал мне отрывок из Священного Писания для размышления. Я вспоминаю слова этого обетования — Псалом 31:5: «Он снял с меня вину греха моего», сверхъестественно горевшие в моем сердце, когда, я приносил покаяние у алтаря.

Возвращение в нашу мирную английскую загородную жизнь с

зеленой травой и фризскими коровами, ко всем атрибутам жизни среднего класса в развитой стране в мирное время резко контрастировало с тем, что я видел. Я видел, как высоко превозносится имя Иисуса, я видел в действии могущественную руку Бога и заново открыл в себе «первую любовь» к Иисусу Христу.

Первый Визит Фионы

Фиона, ожидавшая меня дома, продолжает историю.

Я получила звонок из аэропорта. «Вот оно — это то, о чем мы молились — исцеление, освобождение, прорыв, власть над злыми духами, любовь к Слову Божъему и, самое главное, истинная ненависть к греху».

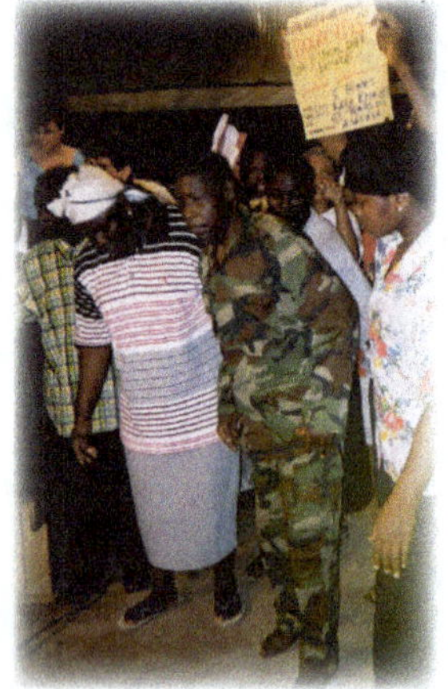

Солдат Принимает Исцеление в Церкви Синагога в 2001 г.

Теперь настала моя очередь. Несколько недель спустя, вскоре после того, как мир потрясла террористическая атака 11 сентября, я с некоторым трепетом садилась в самолет, который перенес меня на этот новый континент. Совместное проживание в общежитии с группой кипучих австралийцев, просмотр видеороликов об исцелении, обучение до тех пор, пока у меня не заболела спина, и переживание воздействия помазания Святого Духа привело меня к нелегкому, неудобному и волнующему моменту. У меня появилось глубокое осознание греха, в результате чего я раскаялась в своем грехе и ожесточении сердца.

В молитвенной очереди, во время молитвы, тепло охватило мою шею, и я поняла, что исцелилась. Когда мне было 19 лет, во время обучения в медицинской школе на медсестру, я получила травму, вызывавшую боль в спине и шее, мне требовались лекарства, а иногда и специальный воротник для поддержания шеи. На протяжении многих лет я также страдала от постоянной бессонницы, иногда спала всего два часа перед тем, как начать собирать детей в школу. Всему этому было суждено остаться в прошлом.

С вновь пробужденным осознанием греха, горящем в моем сердце, я ожидала, войти в небольшой офис, чтобы получить короткую встречу с Т. Б. Джошуа. Я видел его своими глазами, но не «видела» его. Осознание Бога было чем-то однажды пережитым, но никогда не забытым. Это

Толпы Снаружи Церкви Синагога Всех Народов в 2001 г.

напомнило мне тот великий день, когда мне было 17 лет, я ответила на евангельский призыв (приглашение выйти вперед к алтарю) в формальной баптистской церкви. Когда пастор подошел пожать мне руку, я не увидела его; вместо этого я увидела видение, в котором Иисус улыбался мне.

Это было то же осознание, но более глубокое, трудно объяснимое, потому что не было произнесено никаких слов. Я видел апостола по Библейскому образцу, совершающего «великие дела», которые, по словам Иисуса, будут делать все, кто уверуют в Него. Я смогла увидеть в нем кое-что что совершал сам Иисус.

«Иисус Христос описал Святой Дух как реки Живой Воды, которые потекут из глубины сердца верующих, чтобы восполнить нужды окружающих».

В тот день я увидела эту истину в действии. На пути домой в самолете, лишь две песни, которые пели в Синагоге, продолжали вертеться у меня в голове:

Мою жизнь, я отдам Богу, всю мою жизнь. Если я отдам Богу мою жизнь, Он позаботиться обо мне. Он никогда не подведет меня; я отдам Богу всю мою жизнь.

Кто подобен Иисусу, кто как мой Господь?

Когда Гэри забрал меня из аэропорта Хитроу, мы были в одном духе, и с тех пор жизнь уже никогда не была прежней. Этот стих из Библии звенел в моей голове:

«Ваши же блаженны очи, что видят, и уши, что слышат, ибо истинно говорю вам, что многие пророки и праведники желали видеть, что вы видите, и не видели, и слышать, что вы слышите, и не слышали». (Матфея 13:16,17)

Истинно мы получили это благословение.

Тысячелетие

В 1999 году на рубеже нового тысячелетия, прежде чем мы услышали имя Т. Б. Джошуа, мы взяли нашу семью за границу на праздничное церковное служение в Торонто, Канада, и остались там на последующую трехдневную школу изучения Библии. В день Нового 2000 года в Библейской школе на одном из семинаров Гай Шевро говорил о пробуждении и сказал три вещи, которые мы не могли забыть:

1. Оно не будет выглядеть так как вы его себе представляете.

2. В небесных сферах происходит в данный момент намного больше, чем вы можете представить.

3. Исполнение всего, о чем вы просите в молитве, потребует от вас больше посвящения, чем то на что многие из вас готовы в данный момент.

Всего шесть месяцев спустя мы впервые узнали, что Бог совершал в жизни Своего служителя Т. Б. Джошуа. Насколько же истинными стали для нас эти простые утверждения.

Несколько лет спустя у нас была возможность встретиться с Гаем Шевро, когда он проповедовал в церкви в Англии, и мы смогли лично сказать ему, насколько важным было это послание для нас.

Христианство — Это Не Религия

«Как вы ведете себя дома, на работе?» С добрым, но серьезным выражением на лице человек Божий обращался к собранию. Проповедь о подобии Христу во время одного из наших первых посещений напрямую была обращена ко всем нам, слушающим. Христианство — это не религия, а взаимоотношения с Иисусом

*Т. Б. Джошуа
Проповедует в 2002 г.*

Христом, которые должны влиять на наш образ жизни.

«Многие христиане лишь таковы по исповеданию, но не в сердце. Ибо поступки, исходящие из наших внутренних помышлений, являют иного бога: кого-то или что-то, что мы поставили выше Бога в своем сердце».

По сравнению с самыми первыми днями, когда мы впервые уверовали в Иисуса, когда мы читали Библию, с посвящением, как если бы от этого зависела наша жизнь и имели более простую веру, теперь мы стали как бы более «профессиональными» верующими. Мы знали всю правильную терминологию и знали, как правильно подготовиться к различным «христианским» действиям, но при этом становились ли наши сердца ближе к Богу или наоборот, отдалялись от Него?

«Главное в Христианстве это не дела которые мы делаем, но отношения, которые мы поддерживаем и атмосфера, которая является результатом этих отношений».

Возможно, удастся произвести впечатление на людей тщательно подготовленным поведением, но скрытое «настоящее я» — это то, в чем заинтересован Бог. Как Т. Б. Джошуа выразил это в своем недавнем послании:

«То, что вы делаете в тайне, проявится явно. Не существует короткого пути к духовной зрелости. Мы становимся духовными живя в Слове и посредством Слова, живущего в нас».

Мы также осознали, что наша вера в спасение может превратиться в нечто концептуальное, а не практическое. Но, как говорит Т. Б. Джошуа:

«Лишь ваш характер может свидетельствовать об истинности вашего исповедания Христа».

Мы должны не только исповедоваться устами, но и верить всем сердцем, и эта вера в сердце выражается в нашем характере, в мелочах, которые мы делаем ежедневно, а не в мысленном согласии с правильным учением или фактами об Иисусе. Новое рождение — это не что-то чисто мистическое, на что мы можем претендовать только путем исповедания и ментального согласия; оно является результатом реальной практической работы Святого Духа, направленной на наше изменение.

Мы читали много книг и полагали, что имеем богословское понимание, но лишь ясность Слова Божьего и проявление Духа Божьего через служение Пророка Т. Б. Джошуа, утвердили наши сердца в этой истине.

Джон Флетчер, близкий соратник Джона Уэсли в 18-м веке в Англии, указывал на то же уклонение в сторону «религиозности», когда написал с присущей ему откровенностью:

Преподобный Джон В. Флетчер (1729–1785 гг.)

> «Если наши не возрождённые слушатели усвоят в голове ортодоксальные идеи о пути спасения, евангельские фразы о любви Иисуса в устах, пылкое рвение к нашему общему делу и любимые формы религиозного поклонении в сердце; без лишних слов мы поспешим причислить их к детям Божьим. Но увы! Это само-принятие в семью Христа сойдет на небесах лишь не более, чем за само-праведное вменение себе праведности Христовой. Единственное что устоит там — это работа Духа Божьего».[2]

ПРАКТИЧЕСКОЕ ХРИСТИАНСТВО

> «Не все зависит лишь от Бога, и совершенно точно не все зависит от нас. Чтобы обрести спасение необходима Божья сила и наше желание».

Это высказывание Т. Б. Джошуа отражает здравый баланс между благодатью и делами, который является основой «практического» христианства. Этот баланс являлся отличительной чертой

---

2   Флетчер Д. В. (1771 год). *Вторая проверка антиномизма…* В. Стрейхн, стр. 66

эффективных верующих на протяжении веков. Например, еще в 17 веке епископ Иезекиль Хопкинс (1634–1690 годы жизни) сказал, по сути, то же самое в своей проповеди о «Практическом «Христианстве:

> Во-первых, усердствуйте с постоянством и неутомимостью в добрых делах, как если бы только ваши дела могли оправдать и спасти вас. Во-вторых, полностью доверьтесь и положитесь на заслуги Иисуса Христа для вашего оправдания и спасения, как если бы вы никогда в своей жизни не совершили не единого поступка в послушание Его воли».[3]

В Т. Б. Джошуа мы увидели того, кто не только учил этому наиболее ясно, чем мы когда-либо слышали раньше, но и вся его жизнь соответствовала букве этой истины.

ИЗБАВЬ НАС ОТ ЛУКАВОГО

Еще нечто, что глубоко повлияло на нас — это освобождение от злых духов. Это не являлось чем-то показным или притязательным, но касалось истинного источника зла в современном мире.

Гнев, насилие, страх, ненависть, постоянные мысли о смерти, боли и мучениях — каждый день с экранов наших телевизоров мы слышим или читаем в газетах о смертоносных деяниях, вдохновленных этими силами, и все мы переживали подобные эмоции и в своих сердцах.

В Молитве Господней Иисус Христос учит нас каждый день молиться: «Избавь нас от лукавого (избавь нас от зла)» (Матфея 6:13). Каждый нуждается в избавлении! Т. Б. Джошуа описал ежедневную битву, с которой сталкиваются верующие:

> «Пока мы находимся в этом мире, между плотью и духом идет постоянная война. Война бушует в вашем сердце между верой и сомнением, смирением и гордостью, надеждой и отчаянием, терпением и нетерпением, знанием и невежеством,

---

3 Хопкинс И. (1701 г.). *Труды Преподобного и Просвещенного Иезекиля Хопкинса, Главенствующего Епископа Лондона-Дерри в Ирландии. Джонатан Робинсон,* стр. 665

воздержанностью и жадностью».

Это не образная война. Существуют злые духи сомнения, неверности, нечистоты и т. д., которым необходимо твердо противостоять, лишив их доступа к нашим жизням.

Фиона с ее опытом в сфере профессионального медицинского ухода за больными, выработала определенный взгляд на эти вещи.

Я узнала, что за физическими заболеваниями и психологическим угнетением часто стоят силы, которые мы не можем объяснить естественным образом. Освобождение в общей молитве действовало на ином уровне, не противореча чудесам современной медицины, но дополняя их.

Мы видели, как нечистые злые силы (духи) изгоняются словом власти в могущественное имя Иисуса Христа. Но мы также должны сыграть свою роль в этом, продолжая жить победоносной жизнью, перенимая образ жизни, основанный на позитивном мышлении, позитивных действиях и позитивных высказываниях — сделав Слово Божье образцом и стандартом для нашей жизни.

КУЛЬТУРНЫЙ ШОК

Нашему раннему опыту посещения церкви Синагога сопутствовал культурный шок.

Одно очень поучительное раннее видео (на видео кассете в формате VHS) о примирении семьи рассказывало историю мужчины из Нигерии, который много лет назад бросил свою девушку, когда та забеременела. Во время церковного служения мощное пророческое слово от Пророка Т. Б. Джошуа указало на этого человека, который пришел, чтобы помолиться за «прорыв» в бизнесе. Пророк сказал ему, что в юности тот оставил беременную девушку, и ему нужно найти ее и взять на себя ответственность за ребенка. Ошеломленный, мужчина покинул церковь и сделал все возможное, чтобы найти девушку, которая теперь была матерью-одиночкой. Мать-одиночка пришла с мальчиком в церковь. Она была так рада, что ее сын теперь получит отцовскую и финансовую заботу. Не было указания того, что им теперь необходимо пожениться, а лишь то, что они должны вместе заботиться о ребенке, чтобы у ребенка был отец. Свидетельство было очень трогательным и провоцирующим для тех, кто слушал, осознавая, что Всемогущий Бог видит все. Мать и ребенок остались очень благодарны.

Однако, когда, вернувшись в Великобританию, Фиона дала видеокассету главе благотворительной организации, в которой она служила волонтёром, эта женщина наблюдала за происходящим через призму британской культуры и комментировала увиденное так, как если бы та женщина была одинокой матерью в Великобритании, где государство поддерживает ее через фонд всеобщего благосостояния. Для нее главный вопрос был не практическим или финансовым, а эмоциональным — что могла бы почувствовать мать, когда снова увидела отца ребенка? Это было для нас прозрением о различии наших культур!

Мы заметили нечто, что так же могли наблюдать в самих себе — подсознательное желание навязать другим нашу собственную «культуру» как норму. Желание просеивать все через фильтр нашего личного мировоззрения.

Однажды Т. Б. Джошуа сказал, что ему пришлось научиться жить вне своей культуры; мировоззрение Иисуса должно вытеснить обыденные нормы нашей жизни и воспитания.

Однако, эта работа Бога, несомненно, происходила в культурной среде, с которой мы были незнакомы. Столкновение культур помогло нам распознать некоторые области, в которых мы бессознательно понимали Библию в рамках ограничений нашего собственного опыта, жизненных ценностей и ожиданий. Здесь мы увидели нечто иное, что несмотря на свою диковатость и неотесанность, во многих отношениях было ближе к Библии.

К примеру, нам было легче видеть и воспринимать раннюю церковь, как если бы она имела структуру управления, в которой «старейшины» проводили собрания по вопросам управления, внешней и внутренней политики церкви, а апостолы в Иерусалиме являлись высшим надзирательным органом. Напротив, здесь, как и в Библии гораздо больше внимания уделялось вере и характеру. Т. Б. Джошуа не являлся управляющим в западном понимании этого слова, но он, несомненно, являлся тем, кто направлял людей к покаянию и взгревал в них веру во Христа.

Особой слабостью нашей английской культуры среднего класса было излишнее внимание, которое мы уделяли всему внешнему. Удобным считалось ставить акцент на внешнем виде и принятии новых решений вместо того, чтобы сохранять верность до конца. Желание измениться может быть хорошим желанием и приятным чувством, но процесс реальных изменений часто бывает трудным и болезненным.

Медленно, но Верно

Видение того, что Бог приготовил для нас было потрясающим и захватывающим. Мы наконец нашли, что искали! Но мы понимали, что перестроить нашу жизнь будет нелегко. Мы чувствовали, что нам нужно «отучить» себя от много хорошего, что мы узнали ранее, потому что это хорошее стало культурно запятнанными, и многое мы принимали слишком поверхностно.

Можно сравнить этот процесс с процессом модернизации дорог в Великобритании. Когда движение увеличилось настолько, что дорога больше не могла справляться с таким объемом транспорта, обычным делом было начинать строить новую проезжую часть с двумя полосами движения (разделенное шоссе). И хотя направление и пункт назначения оставались прежними, старую дорогу обычно отводили в сторону и строили совершенно новую дорогу, с самого начала рассчитанную на большие объемы движения. То же самое происходило и с нами — мы не двигались в каком-то новом направлении, но нам нужно было начинать все сначала.

Через библейское учение Т. Б. Джошуа, мы увидели, что главные качества характера, которые понадобится нам в этом пути — это терпение, настойчивость и стойкость. Проповедь, которую мы нашли особенно полезной в этом, была второй из серии под названием «Медленно, но верно», произнесенной в начале 2005 года.

МЕДЛЕННО, НО ВЕРНО — ЧАСТЬ 2

Воскресное Богослужение, Церковь «Синагога Всех Народов», 13-е февраля 2005 года.

Иоанна 5:1–14 (1–6) — «После сего был праздник Иудейский, и пришел Иисус в Иерусалим. Есть же в Иерусалиме у Овечьих ворот купальня, называемая по- еврейски Вифезда, при которой было пять крытых ходов. В них лежало великое множество больных, слепых, хромых, иссохших, ожидающих движения воды, ибо Ангел Господень по време- нам сходил в купальню и возмущал воду, и кто первый входил в нее по возмущении воды, тот выздоравливал, какою бы ни был одер- жим болезнью. Тут был человек, находившийся в болезни тридцать восемь лет. Иисус, увидев его лежащего и узнав, что он лежит уже долгое время, говорит ему: хочешь ли быть здоров?»

Мы можем извлечь много уроков из этого отрывка Священного Писания о Божьем времени. Божье время — лучшее время. Необ- ходимо ожидать Божье время. Был человек у купальни Вифезда, которого не беспокоило то, как долго ему нужно было ожидать, потому что он верил Богу. Он верил, что если только он сможет окунуться в воду, то выздоровеет. Ожидая у купальни, он видел, как многие другие исцелялись в его присутствии, и должно быть, он слышал много свидетельств. Он лежал там, и никто не мог помочь ему, однако, он не унывал, потому что верил в Божье время.

Иоанна 5:14 — «Потом Иисус встретил его в храме и сказал ему: вот, ты выздоровел; не греши больше, чтобы не случилось с тобою чего хуже».

Здесь, в Церкви «Синагога», вы приходите что бы получить молитву о конкретной проблеме, и после молитвы проблема будет решена. Человек без видения не увидит ничего, кроме исцеления. Но этот человек в отрывке из Евангелия видел цель превыше своего исцеления — спасение своей души. Вот почему позже Иисус нашел его в храме, а не в пивной или борделе. Библия указывает на то, что Иисус еще раз подчеркнул необходимость поддерживать свое чудо, храня себя в святости. Вот почему Он сказал ему: «Иди и не греши больше», т. е. больше не делай того, что изначально стало причиной твоих проблем!

Иисус считал необходимым сделать осознанное предупреждение. Когда люди больны, находятся в нужде, недостатке или попадают в беду, обычным делом для них — давать обещания Богу. Но на следующий день они забывают все — обещания, рвение, которое они проявили вначале, и страдания, которые они испытали в прошлом.

Вспомните первый раз, когда вы пришли с трудностями, проблемами или болезнями. Помните, как вы обещали, что будете служить Богу всем, что имеете после того, как выздоровеете. Вы все еще сдерживаете свое обещание? Человек в купальне Вифезда сдержал свое обещание; вот почему Иисус нашел его в храме. Он видел цель, выходящую за рамки своего исцеления. Если бы вы продолжали христианскую жизнь так, вначале, ваша ситуация не выглядела бы так, как выглядит сегодня. Поскольку у этого человека было видение, он больше никогда не сходил с пути веры. Он знал, куда идет, поэтому продолжал усердствовать.

То куда вы идете, имеет отношение к вашему Божественному будущему; это связано с вашей Божественной судьбой. Если сегодня я знаю, что собираюсь стать рыбаком, завтра я приобрету рыболовную сеть, потому что знаю, что имея сеть, я буду процветать.

Какова ваше цель? Идете ли вы навстречу своей Божественной судьбе? Если вы идете к своей Божественной судьбе, у вас будет стойкость, настойчивость и терпение. Эти качества подобны инструментам. Когда у вас будут эти инструменты, вы сможете справиться с любой поставленной задачей, достичь любой заданной цели. Но человек без видения — это человек без терпения.

Хороший пример — это Иосиф, сын Иакова. Рассмотрим путь к его

Божественной судьбе: от безводной ямы до рабства в доме Потифара, а затем от тюрьмы к престолу. Он достиг престола, потому что он имел видение, он мог вынести боль в безводном колодце. Он достиг престола, потому что у него было видение, что он сможет справиться с искушением от жены Потифара. Именно потому, что у него было видение, он смог вынести условия в тюрьме. Всякий раз, когда Иосиф оказывался в месте, которое противоречило его видению, он говорил себе: «Я знаю, что мое место — не здесь! Это не обещание Бога!» Это придавало ему силы переносить его нынешнее состояние.

Помните, с вашими трудностям будет легче справиться, если вы знаете, что они продлятся недолго. Иосиф знал, что какие бы трудности он не испытывал — это не навсегда.

Дорога к вашей Божественной судьбе, дорога к вашему Божественному будущему не усеяна лепестками роз. Вас поджидают скорпионы, змеи, шипы — все что можете себе представить! Вот почему у вас должна быть выдержка. Вот почему вам нужно набраться терпения. Вот почему вы должны проявить настойчивость. Когда вы не знаете, куда идете, вы не можете терпеть; не можете перенести все что выпадает на вашу долю.

Многие из вас, находящиеся здесь, получили обетование от Бога, но вам не хватает терпения, настойчивости и выдержки. Это то послание, которому вы должны следовать, если хотите добиться успеха в жизни. Если у вас есть видение, то у вас есть цель, к которой вы идете, и место назначения, к которому вы идете, имеет отношение к вашей судьбе в Боге.

Когда у вас есть видение, у вас есть смелость; у вас есть уверенность. Но человек без видения — это человек без терпения, без настойчивости, без выдержки. Когда у вас есть видение, даже если кто-то отвесит вам пощечину, вы с радостью подставите другую щеку, если это позволит вам достичь вашей цели.

Жизнь После Жизни

«Экааро!» — улыбаясь, говорили сельчанки приветствуя госпожу Фоларин Айша Адесиджи Балогун, мать Т. Б. Джошуа в поселении Йоруба в особый день церемонии присвоения имени в июне 1963 года.

В ярких платьях, с большими горшками ароматного риса женщины принялись готовиться к празднику.

«Мадам, вы, должно быть, очень благодарны Богу за свои благополучные роды. Ваш маленький сын особенный… интересно, что же приготовил для него Всевышний?» «Да, он здоров, и посмотрите, как он мирно спит на коврике!» — был счастливый ответ.

Крыша Пробитая Большим Осколком Скалы

Невдалеке подрядчики компании «Уотер Корпорэйшн» взрывали скалы, чтобы освободить место для прокладки водопроводных труб.

Все было почти готово к церемонии присвоения имени, когда внезапно большой кусок камня вылетел с места подрыва, пробил крышу строения, где собрались праздновавшие, и рухнул именно там, где располагался особенный младенец. Камень остановился на ничтожно малом расстоянии от младенца. Никто не видел, чтобы малыша кто-либо перенес с одного места на другое. Они лишь увидели, что ребенок (всего семь дней от роду) сверхъестественным образом переместился с одного места на другое и сильно заплакал. В остальном он не пострадал — чудо... Что происходило тогда в духовном мире? Только время покажет!

Когда крики стихли, и присутствующие принялись радоваться: «Младенец в безопасности!» Внезапно суматоха усилилась. Мадам Фоларин, мать маленького Балогуна Франциска (будущий Джошуа), упала на землю; все попытки привести ее в чувства потерпели неудачу; она находилась в глубоком обмороке.

Свидетель Держит в Руке тот Самый Осколок Скалы

«Давайте отвезем ее в больницу!» Все соседи собрались вокруг, был запрошен транспорт для особых чрезвычайных ситуаций, и, взяв с собой еще неназванного ребенка, все уехали в больницу. Рис был оставлен портиться на свежем воздухе.

Что же произошло? Всемогущий Бог сотворил чудо, и по мере того, как по деревне расходились слухи, люди говорили: «Мы должны присматривать за этим ребенком; несомненно Бог сначала защитил его в утробе, а теперь и оградил его от смерти и ранения».

Рождение и Детство Т. Б. Джошуа

В сельской общине под названием Аридиги в провинции Ондо столетие назад ходили рассказы об необычном пророчестве. Балогун Окоорун, воин и фермер, предсказал, что из этой деревенской общины выйдет человек, который будет очень известным, могущественным и будет иметь великих последователей.

Аригиди в Провинции Ондо, Нигерия

Темитопе Балогун (позже он назовется Джошуа) родился 12 июня 1963 года. Его отцом был Па

Колаволе Балогун из квартала Имо, а матерью — Мадам Фоларин Айша Адесиджи Балогун из квартала Осин. Он родился последним ребенком в семье.

История его пребывания в утробе матери стала предметом многих обсуждений. Младенец в утробе был тихим. В течение последних трех месяцев перед родами, ожидалось много ударов ногами, но со стороны будущего ребенка царила полная тишина. Это привело к длительному пребыванию в больнице. Часто обсуждалась возможность родов путем кесарева сечения — даже сейчас, дорогой и рискованной процедуре в сельских районах Нигерии.

Дом детства пророка Т. Б. Джошуа

Его мать вспоминала, как лежала на кровати в больнице, когда вошел пастор и сказал, что делать операцию нельзя, что Бог был занят подготовкой младенца в утробе. Поэтому он посоветовал ей пойти домой, предупредив, что операция не увенчается успехом. То же сообщение было передано врачу.

Итак, она покинула больницу через три месяца и снова вернулась домой, чтобы продолжить ожидание. В конце концов, однажды ночью, в конце 14-го месяца беременности, мальчик родился сам, без необходимости в операции. Все обрадовались, но церемонии наименования так и не произошло из-за происшествия с «летающим камнем», описанным в начале этой главы.

Па Калаволе Балогун, Отец Т. Б. Джошуа

Когда ребенку наконец присвоили имя, ему дали много имен, однако то, которое предпочитали он и его родители, было Темитопе, что означает: «То, что Ты (Бог) сделал для меня, достойно благодарности».

Его отец, выросший в христианской семье, при жизни был фермером, а также секретарем церкви Святого

Стефана в своей деревне. Па Колаволе умер, когда Т. Б. Джошуа был маленьким мальчиком. В ранних воспоминаниях об отце он помнит, как отец брал его с собой в церковь на работу.

Первые признаки духовного рвения отмечались еще в годы его обучения в деревенской начальной школе. Его любимым предметом был «Знание Библии», и он любил читать Священные Писания. Уже в этом возрасте он регулярно читал всю Библию от начала до конца и учил других.

Именно там он получил прозвище «Маленький пастор» и возглавил «Христианское Студенческое Общение».

Вспоминается один конкретный случай из тех ранних дней. Это было когда в школу пришел сумасшедший мужчина с абор-

Начальная Школа Святого Стефана, Аригиди

дажной саблей в руках. Ученики и учителя бегали из стороны в сторону в панике, и никто не хотел приближаться к нему. Однако «маленький пастор» уверенно подошел к сумасшедшему и приказал ему отдать саблю во имя Иисуса, что тот и сделал.

Т. Б. Джошуа по Окончании Начальной Школы

Таким образом, можно сделать вывод, что служение Т. Б. Джошуа началось с начальной школы Святого Стефана, где он отобрал саблю у сумасшедшего и стал руководить «Союзом Священного Писания», обучая Библии и молившись за многих людей. Он утверждает, что именно здесь началось его осознание присутствия Бога, и так продолжалось до последнего дня. Действительно: «Все большое начинается с малого».

Переезд в Лагос

И хотя он хорошо учился в начальной школе, его период обучения в средней школе не был таким однозначным. В действительности его время пребывания в средней школе было сопряжено со многими трудностями.

Из-за финансовых проблем в семье оплата учебы была непомерной. Хотя ему удалось позже поступить в мусульманский колледж-гимназию «Ансар-Уд-Дин» в Икаре недалеко от его родного города, были трудности.

Открытое ношение Библии было запрещено, и небольшая группа верующих христиан во главе

Т. Б. Джошуа в 17

с ним тайно собиралась для чтения Библии. В конце концов, ему придется уехать и вернутся домой, некоторое время, не продол-жая никакого формального образования.

Размышляя о том, как заработать на жизнь, чтобы оплатить даль-нейшее образование, он решил переехать в город Лагос. Спав на грузовике с маниокой, он проделал четырехдневную поездку автостопом до Лагоса и был высажен на 12-й Миле, где находится огромный международный фруктовый и овощной рынок.

Найдя временную работу — мыть грязные ноги покупателей на рынке, он слышал, как говорили на его местном диалекте. Прервав разговор женщин, он обратился к ним, и они помогли ему разы-скать его сестру, которая переехала в Лагос. На какое-то время он смог остаться жить с ней в районе Эгбе.

Т. Б. Джошуа в 20

Однако, вскоре не желая быть для нее обузой, он переехал и нашел работу на птицефабрике. Занимался перевозкой куриного помета. Он проработал на этой работе год, и все это время не мог избавиться от запаха, которым пропита-лось его тело, сколько бы мыла он ни использо-вал, и часто вокруг него парили мухи.

Даже спустя много лет Т. Б. Джошуа никогда не забывал, каково это было работать день за днем на низкооплачиваемой, унизительной работе, за которую не хотели браться даже местные нигерийцы.

В то же время он пытался продолжить свое образование, записывавшись в разные вечерние школы. Опять же, содержание самого себя всегда было трудным, так как ему приходилось работать полный рабочий день, чтобы оплачивать квартиру и еду.

Когда ему удалось на время устроиться в школу, его отметили, как подававшего надежды в спорте. В этот сложный период своей жизни он также обучал детей Библии.

Очередные попытки продвинуться вверх по ступеням национальной образовательной системы Нигерии четыре раза заканчивались неудачей. Он записывался на экзамены «Объединенной Комиссии по Зачислению и Приему», но по разным причинам, например, из-за аварии по дороге к месту проведения экзамена и иногда из-за того, что он забывал взять с собой какие-либо важные документы, его усилия не увенчались успехом.

И в то время когда некоторые были озадачены его неудачами, к счастью, его мама будучи женщиной веры, смогла увидеть, что в этом был замешан Бог — «вынужденные остановки» на пути к его судьбе.

Нигде это не было столь очевидно, как в глубоко разочаровывавшей его попытке поступить в нигерийскую армию.

На этот раз он сдал вступительные экзамены в «Нигерийскую Академию Обороны» в Кадуне и был приглашен на собеседование. Возможно, на этот раз успех наконец показался на горизонте? Однако в поезде, в котором он ехал из Лагоса в Кадуну, возникли серьезные неисправности, в результате чего все пассажиры были вынуждены провести шесть долгих дней в дикой саванне в провинции Квара с лишь небольшим количеством еды. Он пропустил собеседование, так как у него не было финансовых средств, чтобы найти какой-либо иной способ добраться туда.

Т. Б. Джошуа позже размышлял: «Кто знает, что бы произошло, если бы я успешно прошел, то собеседование? Мне было очень горько, что я упустил еще один шанс достичь чего-либо в жизни».

По возвращении в деревню, слова, сказанные ему матерью,

утешали его в период испытания в «безводной яме», как это было с Иосифом в хорошо известном повествовании в книге Бытие.

> «Сын мой, не отягощайся тем, как выглядит твоя жизнь и обстоятельства сегодня. Если я когда-либо была уверена в каком-либо ребенке, то этот ребенок — ты. Не бойся того, что ждет тебя в будущем, потому что я знаю, что, если кому-то и суждено потерпеть неудачу — это не тебе. Так что прояви терпение, и ты увидишь, что Бог сделает в твоей жизни. Я так уверена в твоем будущем благословении, зная силу пророчеств о тебе еще до твоего рождения. Я не могу просто так легко позабыть то, что испытала, когда была беременна тобой, и я знаю, что Бог не может лгать. Через что бы ты ни проходил сегодня, сын мой, прими это как временную задержку, которая должна подготовить тебя к предстоящим испытаниям. Не забывай, что твое имя — «Темитопе», и, по милости Божьей, у всего мира будет причина прославить Бога за тебя».[4]

И в самом деле, этому слову веры суждено было сбыться. Спустя годы его библейское учение о Иосифе по телеканалу «Emmanuel TV» воодушевит тысячи людей.

«Безводная яма» — это то место, в котором вы не видите выхода из сложившейся ситуации, никакого источника обеспечения, но, как Иосиф, в былые времена, не поддавался горечи и обидам, так и Темитопе Балогун Джошуа. Позже он скажет об этом следующее:

> «В моем духовном хождении с Богом я пережил как хорошие, так и тяжелые времена. Кто знает, что бы произошло, если бы эти временные остановки не происходили через определенные промежутки времени. Помните, когда Бог воплощает Свой план в нашей жизни, Он также планирует и устраивает события, которые будут разворачиваться до тех пор, пока Его цель не будет полностью открыта вам и реализована в вашей жизни. Взлеты и падения в моем образовании были частью событий, которые раскрыли цель Бога в моей жизни. Помните, бедняк — это не тот, у кого нет денег, а тот, у кого

---

4 *Моя Вынужденная Остановка, Блог Церкви Синагога, 5 октября 2009 года.*

нет мечты».[5]

Он часто приводил пример положительного оказанного на него его матерью в своих проповедях, ссылаясь, например, на ее неустанное служение уборки в церкви, как она молилась, чтобы Бог очистил ее сердце, когда убирала Его дом. Он также приписал ей следующее высказывание, которое сильно повлияло на его жизнь:

> «Когда времена стабильные, и море спокойное и безопасное, никто по-настоящему не испытывается».

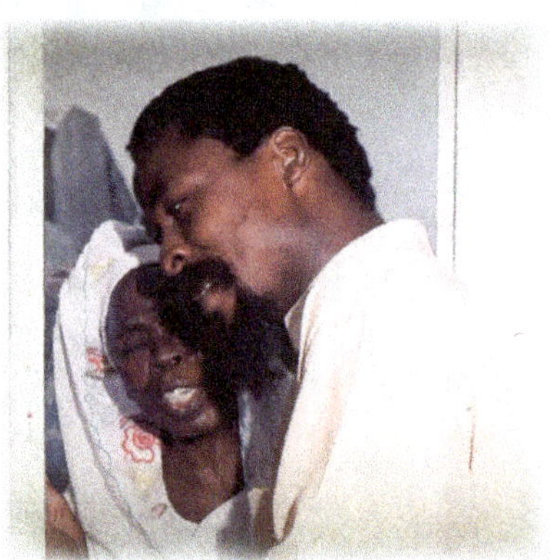

Т. Б. Джошуа с Фотографией Его Матери

Спустя годы во время визита на Багамы, где его принимал Генерал-Губернатор страны, он узнал о продолжительной болезни своей матери. Впоследствии она скончалась, прежде чем он смог успеть вернуться в Нигерию.[6]

Божье Призвание

Шел 1987 год, проведя, годы в Лагосе, Святой Дух направил Т. Б. Джошуа длительное время искать лица Божьего на вершине горе недалеко от его родного города Аригиди. Там он постился и молился 40 дней и 40 ночей. Он писал, что в небесном видении он получил Божественное помазание и принял завет от Бога, чтобы начать служение:

ЖИЗНЬ ПОСЛЕ ЖИЗНИ

Я находился в состоянии исступления (транса) три дня подряд, затем я увидел руку, которая, держа Библию указала ею на мое сердце. Библия вошла в мое сердце, и мое преж-

---

5   Там же.

6   *Нерассказанная История Тайны — Пророк Т. Б. Джошуа*, газета The Sun (Нигерия), 5 апреля 2009 года.

Молитва на Горе

нее сердце, казалось, немедленно погрузилось в нее. Затем пришло осознание, и я увидел апостолов и пророков древности в компании с тем, чьего лица я не мог видеть, потому что ростом Он был до небес и парил над землей. Я верю, что это был наш Господь, Иисус Христос, сидящий среди них. Я так же увидел себя среди них. Через некоторое время я увидел руку того же высокого человека; я не мог видеть Его лица, сияющего невообразимым светом, высокого до небес, парившего в воздухе. Но я мог видеть лица других апостолов, особенно апостолов Петра и Павла, пророков Моисея, Илию и других. Их имена были ярко начертаны у каждого из них на груди.

Я услышал голос, говорящий: «Я твой Бог; Я даю тебе Божественное поручение идти и выполнять дело Небесного Отца». В то же время та же рука высокого человека подарила мне маленький крест и большую Библию, больше той, что вошла в мое сердце, с обещанием, что, если я буду побеждать в Его время и во имя Его, мне будет дан больший крест, но, если буду терпеть поражение, то будет происходить обратное. Я также слышал голос того же высокого человека (я не мог видеть Его головы), говорившего: «Я Господь, Бог твой, Который был и Есть — Иисус Христос», дававший указания всем апостолам и пророкам до тебя. Тот же голос сказал мне: «Я покажу тебе удивительные пути, которыми Я явлю Себя через тебя в учении, проповеди, чудесах и знамениях для спасения душ».

С тех пор я каждый год получал в видении, в соответствие с моей верностью Богу, больший крест, который означал для меня — больше ответственности.

Библия, которая вошла в мое сердце, была прообразом Духа и Жизни (Святой Дух). Слово Божье есть Дух и Жизнь. Бог ничего не делает без Своего Слова. Послание к Римлянам 8:16 говорит, что Божий Дух объединяется с нашим духом что бы провозгласить, что мы дети Божьи. Отец дал Святой

Дух что бы сделать нас подобными Его Сыну.

Отец, благодарю Тебя за Твой Дух, наполни нас Твоей любовью и силой, меняй нас в образ Христа день за днем и час за часом.

Сам Бог совершает божественное помазание выделяя все тех, кто получил удивительную привилегию стать Его детьми (2 Коринфянам 1:21–23 и Луки 24:48–49).[7]

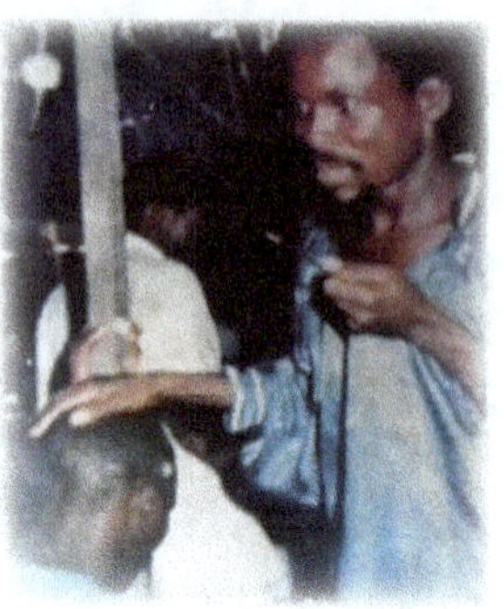

Т. Б. Джошуа по Возвращении с 40 Дневного Поста

Начало Церкви

Т. Б. Джошуа в 1989 г.

Как показано в документальном видеофильме «Моя История», в те ранние годы единственным способом передвижения для Т. Б. Джошуа было ходить пешком. Везде, куда бы он ни пошел, за ним следовали дети. Эти дети и их матери станут одними из самых первых членов церкви.

В 1989 году он заложил фундамент первой Церкви «Синагога», расположенной в Агодо Эгбе, Лагос, Нигерия. Он восторженно и радостно расхаживал среди первых членов Церкви, укрепляя их веру Словом Божьим. Вот стенограмма той короткой простой и живой проповеди:

«Аллилуйя! Давайте сядем. Аминь! На самом деле, я не знаю, с чего начать. Аминь! Мое обращение к вам — это просто закладка основания. Я здесь, чтобы заложить фундамент, и сегодня мы начинаем Синагогу. Здесь! Синагога началась здесь! Я пришел, чтобы заложить крепкий фундамент церкви. Вы должны знать, что этот человек всегда говорит притчами.

Все присутствующие здесь церковные старейшины с юных

---

7   «Как Бог Призвал ТБ Джошуа», Блог «Расстояние Не Преграда», статичная стр.

лет слышали, что Иисус грядет. Мы ожидали Его пришествия до сих пор и все еще готовимся к нему. Причина, по которой Иисус не пришел, состоит в том, что Он хочет, чтобы вы и я покаялись в наших грехах, потому что Он не хочет, чтобы кто-то погиб. Вы раскаялись?

Первая Церковь в 1989 г.

Причина задержки пришествия Иисуса в том, что Бог хочет, чтобы вы покаялись. Покайтесь в своем грехе, чтобы не погибнуть. Когда придет Иисус, вы не погибнете; вы унаследуете Царство Божье. С самого детства вы узнали, что Иисус придет, как вор в ночи. Мы ждали пришествия Иисуса. Причина, по которой пришествие Иисуса было отложено — из-за вас и меня. Иисус хочет, чтобы вы покаялись; он не хочет, чтобы вы погибли. В то время, когда Он придет, Он сможет взять вас в вечную жизнь. Если Иисус придёт, а вы не покаялись, то пришествие Иисуса для вашей жизни не имеет значения. Чтобы пришествие Иисуса имело смысл для вашей жизни, вам нужно покаяться. Вы должны покаяться сегодня и принять Иисуса. Чтобы, когда придет Иисус, вы могли присоединиться к Нему в Царстве Божьем.

Итак, я и мой дом — а я верю, что вы мой дом, моя семья — мы будем служить Господу. Восплещите для Иисуса! Аллилуйя!»[8]

Вторая Церковь Разрушенная Грозой

Вскоре количество людей в церкви выросло, и потребовалось новое церковное здание — вторая церковь, которая находилась на том же месте. Однако это простое сооружение было разрушено во время сильной грозы.

После того, как второе здание церкви было разрушено, было

---

8 «Моя История: Биография ТВ Джошуа», пост Служения ТБ Джошуа в Facebook, 2 ноября 2017 г.

возведено новое здание, на этот раз из деревянных досок. Первое служение прошло в новом здании Церкви «Синагога Всех Народов» в 1992 году.

Третье здание церкви также сильно пострадало от наводнения. По этой причине и по причине увеличения числа верующих, посещающих церковь, Святой Дух наставил Т. Б. Джошуа переехать на новое место примерно в двух милях от прежнего.

Третья Церковь в 1992 г.

Так, в 1994 году церковь переехала в район Айкотун Эгбе, где она находится по сей день. Это четвертое здание Церкви «Синагоги Всех Народов», первое церковное здание на новом месте. Именно это здание, расширенное впоследствии, увидели мы, когда впервые посетили церковь в 2001 году.

Четвертая Церковь в 1994 г.

На месте первых трех церквей теперь располагается место для уединения и молитвы Церкви «Синагога Всех Народов», так же более широко известное как «Молитвенная Гора».

АРЕСТ ПО ЛОЖНОМУ ОБВИНЕНИЮ

В период с 1994 по 2001 год наблюдался значительный рост влияния церкви и как следствие — гонения на церковь. В 1996 году Т. Б. Джошуа даже ложно обвинили в торговле наркотиками, и он провел 13 дней в тюрьме. Вот новостной репортаж об исповеди, сделанной три года спустя в церкви одним из офицеров, арестовавших его в 1996 году по обвинению в торговле наркотиками:

> Юсуф Хасан, родом из провинции Адамава, сказал, что работал в «Национальном Агентстве по борьбе с наркотиками», когда информатор сообщил им, что Джошуа торгует наркотиками на территории своей церкви.

Штурмуя Синагогу Церковь Всех Народов в Лагосе в составе 18 вооруженных офицеров агент-ства и шести солдат, Юсуф расска-зал, как священнослужитель был арестован и впоследствии заклю-чен в тюрьму на 13 дней.

«По дороге в офис мы сказали ему, что, если он человек Божий — пусть станет невидимым», — вспоминал Хасан, описывая, как оперативники издевались над священнослужителем на пути в тюрьму.

Арест По Ложному Обвинению
в 1996 г.

«Наши офицеры уничтожили много церковного имущества при поиске наркотиков, но мы ничего не смогли найти. На 13-й день он был освобожден, потому что ничего компроме-тирующего не было найдено при нем или с ним», — продол-жил Юсуф.

Однако после того, как невиновность Джошуа была уста-новлена, Хасан рассказал, что беда постигла всех участни-ков операции.

«Среди офицеров, пришедших арестовать Т. Б. Джошуа, троих уже нет в живых. Все 18 офицеров, кроме меня, были уволены с работы», — сказал он.

Сам Юсуф заявил, что его «отстранили» после того, как по судебному иску он был приговорен к тюремному заключе-нию на десять месяцев.

«Я хочу, чтобы Бог избавил меня от той роли, которую я принимал в этом аресте», — заключил он.[9]

Только представьте себе слухи и сплетни, которые распростра-няются из-за этого происшествия — пророка, заключенного в камеру, обвиняют в торговле наркотиками и хранении оружия. Однако его враги обнаружили, что даже заключение в камеру и

---

9   Из рассказа офицера НАБН (Национальное Агентство по борьбе с наркотиками) об аресте Т. Б. Джошуа за «наркоторговлю», статья в The Eagle Online, 23 сентября 2019 г.

ложные обвинения не поколебали его веру в Бога. Во время своего первого появления в церкви, после освобождения, он обратился к прихожанам:

> «Если вы спросите себя: «Зачем мне все эти беды, гонения, бедствия и все подобное?» — я хочу, чтобы вы вспомнили и задали вопрос несколько иначе: «Почему я получил все эти духовные благословения в моей жизни?»[10]

Отличительной чертой христианина является то, что трудности, испытания, давление и гонения приближают его к Богу, а не отдаляют.

Рождение «Emmanuel TV»!

В марте 2006 г. произошло знаменательное событие, которое должно было изменить к лучшему жизнь многих людей — родился телеканал «Emmanuel TV». Однако, появление столь мощного средства коммуникации произошло вовсе необычным образом.

«Сэр», — евангелисты толпились в крохотном офисе, — «Наш президент… он запрещает показ чудес на телевидении в Нигерии, как местными станциями, так и национальным телеканалам. Они говорят, что с этого момента в наших программах должны транслироваться только ваши проповеди. Это похоже на преследование, Человек Божий; многие люди смотрят эти местные телеканалы и благодарят Бога за то, что происходит».

Сам Т. Б. Джошуа позже объяснил, что произошло:

> «Я убрал свои передачи со всех телеканалов. Я удалился на молитвенную гору, и Бог сказал мне: «Я знаю, что происходит; Я хочу, чтобы ты открыл нечто новое в себе». Бог попросил меня открыть телеканал, и Бог сказал: «Emmanuel TV». Я сам сменил название на «Синагога ТВ». Облака сгустились, и Бог сказал: «Когда проснешься, смени имя вновь на «Emmanuel TV». Бог предупредил меня. Так ознаменовалось рождение телеканала «Emmanuel TV»».[11]

---

10   *«Моя История: Биография ТВ Джошуа»*
11   *«Страх Далее!»*, блог Церкви *«Синагога»*, 31 мая 2017 г.

Мы помним, как те дни он публично заявил, что телевидение «Emmanuel TV» станет больше, чем Церковь «Синагога Всех Народов». В то время это было сложно представить, но не сейчас. Спутниковый канал широко известен в большинстве стран Африки к югу от Сахары. К 2021 году «Emmanuel TV» (интернет-канал телеканала «Emmanuel TV») стал самым популярным христианским каналом во всем мире на Интернет видео сервисе YouTube.

Действительно была очевидно, что:

> «Человеческое отвержение провоцирует Божье направление».

Одним из плодов «Emmanuel TV» стало исправление некоторых слухов о том, что происходит в Церкви «Синагога Всех Народов». Было несколько свидетельств того, как те, кто ранее преследовал и выступал против церкви, через «Emmanuel TV» увидели реальность происходящего, а затем раскаялись в своих словах и действиях.

Один примечательный пример произошел во время воскресного служения в Церкви «Синагога» 7 апреля 2013 года, когда один пастор и его жена публично поделились своим свидетельством и исповедью. Как видный христианский лидер, он ранее говорил, проповедуя на национальных молодежных собраниях, что Т. Б. Джошуа — «антихрист нашего поколения». Однако по иронии судьбы человек, против которого он вел кампанию очернения и религиозной клеветы, оказался тем, кого использовал Бог, чтобы избавить всю его семью от духовного рабства через служение освобождения. Это случилось после того, как он начал тайно смотреть «Emmanuel TV», и то, что он увидел, сильно отличалось от того, что ему рассказывали. В своем последнем совете к слушающим, он умолял своих сотоварищей служителей узнать правду, прежде чем спешить осуждать.

Служение в Прямом Эфире

С 2007 года основные служения Церкви «Синагога Всех Народов» транслируются в прямом эфире на «Emmanuel TV». Эти богослужения в прямом эфире стали для многих во всем мире самым ярким событием недели. Во всем мире, в разных часовых поясах, нарастало волнение: «Что будет происходить в прямом эфире сегодня? Что будет делать Бог? Будет ли Т. Б. Джошуа лично принимать участие, и если да, то какое библейское послание и учение он принесет? Какие свидетельства и жизненный опыт будут особо выделены сегодня?»

Свидетельства откроют окна в жизнь людей и их прошлое. Разрыв браков и примирение — ничто не являлось «преградой», тому, чтобы народ Божий мог учиться и получать предупреждения на опыте других.

Известны ужасающие случаи, когда пожилые женщины боялись, что их назовут ведьмами, потому что за это их могли сжечь заживо на костре. Они приезжали со своими семьями в Церковь «Синагога». Семьи получали в церкви бесплатное жилье и еду, с той целью, чтобы все ключевые члены семьи могли быть вовлечены в процесс принятия решения, высказать свое мнение и услышать мудрость человека Божьего. Семьи, в разных уголках Нигерии, собирались у экранов телевизоров (молясь, чтобы не отключилось электричество), ожидая услышать, что скажет Т. Б. Джошуа. Эти решения спасут жизни, остановят насилие, вызванное невежеством, и сохранят достоинство всей семьи.

Прямые эфиры служений обычно завершались общей молитвой. Молитва действовала как проверка состояния духовного здоровья; подготавливала к новой неделе.

«Скорее, собирайтесь к экранам!» Люди со всего мира с нетерпением ждали общей молитвы, особенно ее части под названием «Молитва за телезрителей» в прямом эфире и слов «зрители всего мира, прикоснитесь к экрану». Молясь за телезрителей, Т. Б. Джошуа обращался прямо к камере и протягивал руку к объективу. Часто в раздел свидетельств входили свидетельства тех, кто действительно «соединился верой» с Богом посредством этой молитвы и теперь с нетерпением воздает славу Богу за то, что Он совершил.

Воскресное служение Церкви «Синагога» быстро превратилось

в важное еженедельное событие, на которое съезжались сотни людей из других стран. В пригороде Айкотун Эгбе поблизости строились отели, и местная экономика улучшалась благодаря тому, что посетители ходили по улицам и посещали места за пределами церкви. По мере того, как число посетителей церкви из разных стран росло, команда приобрела опыт общения с разными культурами. Развитие прямых эфиров служений и значительный рост числа посетителей со всех уголков Нигерии и международных посетителей означало, что в действительности церковь оправдала свое пророческое название — Церковь «Синагога Всех Народов». В любое воскресенье можно было оглянувшись по сторонам увидеть множество флагов разных стран.

Семейный Человек

С самых первых дней нашего совместного служения с Т. Б.

Г-жа Эвелин Джошуа с Президентом Яр'Адуа

Джошуа, его всегда поддерживала супруга Эвелин. Она находилось рядом с ним, и сама по себе являлась сильным проповедником. Войдя в столовую для посетителей Церкви «Синагога», можно было увидеть красивую фотографию, на которой она от имени своего мужа принимает награду «Офицера Ордена Федеративной Республики

Нигерия» от президента Яр'Адуа.

На многих международных мероприятиях она с особой вежливостью и почтением, принимая во внимание культурные ожидания и особенности приглашающей страны, принимала на сценах подарки в виде цветов или местных поделок ручной работы. Иногда, как во время евангелизации в Южной Корее в 2016 году, Пророка Т. Б. Джошуа можно было видеть в окружении всей семьи, стоящей в очереди, чтобы поприветствовать членов организационного комитета этого события в фойе отеля. Их взрослые дочери, известные своими успехами в учебе, часто сопровождали своего отца в благотворительных поездках к пожилым людям и являлись неотъемлемой частью команд, на служениях организованных «Emmanuel TV».

Однако, пожалуй, самым ярким воспоминанием о сестре Эвелин является то, как она обутая в резиновые сапоги сопровождала своего мужа, стойко маршируя по грязевым тропам в тропическом лесу Эквадора. Машина застряла в грязи, и они завершали свой путь пешком, чтобы торжественно открыть школу, строительство которой спонсировало служение «Emmanuel TV» после землетрясения 2016 года. Полностью запечатленным на видеокамеру во славу Божью, было своевременное чудо обеспечения, когда местный служитель предоставил лошадь, которая помогала доставить жену Божьего человека к месту и еще одного евангелиста на последнем отрезке этого утомительного пути.

Любовь к животным так же всегда была частью жизни Т. Б. Джошуа, которая так же была тесно связанна с природой и творением. Птицы, антилопы и павлины свободно гуляют на «Молитвенной горе» в Лагосе, также известной как «Уединение Веры». Животные даже становились частью мультипликационных фильмов на телеканале «Emmanuel TV», как персонажи «размышляющие о своем любимом библейском учении».

Т. Б. Джошуа Изучает на «Молитвенной Горе»

Святая Библия — Неотъемлемая Часть Истории

«Слово Божье способно развивать силу в наших сердцах,

именуемую верой».

Как видно из истории детства Т. Б. Джошуа и его призвания — Библия всегда была центральной частью его жизни и служения. За все прошедшие годы мы заметили, что его подход к Библии был другим. Он читал Слово Божье с жаждой, но не «академически». И его проповеди умели просто, но глубоко давать понимание, о чем идет речь в Библии. Ключевые темы, которые проходят через все его послания, отражают не «систематическое» богословие, а, скорее делают акцент на характеристиках, которые, как нам открывает Библия, очень важны для сердца Бога.

Чтение Библии само по себе является одной из распространенных тем в его проповедях, и становится ясно, вопрос не просто в чтении, как если бы кто-либо читал учебник или роман, но решающее значение имеет отношение сердца читателя к прочитанному. Мы должны читать Библию так, как будто от этого зависит наша жизнь.

Более 250 лет назад Джон Уэсли проявлял подобное отношение к чтению Библии. В предисловии к опубликованным им проповедям он пишет:

«Я творение дня, пролетающее по жизни, как стрела по воздуху. Я дух от Бога пришедший и к Богу возвращающийся: парящий над великой пропастью; пока, по прошествии лишь нескольких мгновений, уже никто не увидит меня; я паду в неизменную вечность! Я хочу знать одно — путь на небеса; как благополучно пристать к тем блаженным берегам. Сам Бог снизошел, чтобы научить пути, для этой самой цели Он сошел с небес. Он записал это в книге. О, не удерживайте же от меня эту книгу! Любой ценой даруйте мне книгу Бога! ...Я размышляю над тем со всем вниманием и искренностью, на которые способен разум мой».[12]

Это наглядный пример особого отношения и внимания к Слову Божьему, так как будто вся наша жизнь зависит от него. Так и есть!

---

12   Уэсли Д. (1746 г.) *«Проповеди по различным поводам. Том 1».* В. Стрэйхн. Предисловие.

Читайте Слово Божье, так как от этого зависит ваша жизнь:

Читайте его — оно имеет силу очищения (Иоанна 15:3).

Читайте его — оно имеет силу обращения (1 Петра 1:23).

Читайте его — оно имеет непреходящую силу (Псалом 118:89).

Читайте его — оно имеет силу исцеления (Псалом 106:20).

Читайте его — оно свет стезе вашей (Псалом 118:105).

Читайте его — оно так полезно (2 Тимофею 3:16—17).

Читайте его — оно ваше духовное оружие (Ефесянам 6:17).

Читайте его — оно хранит вас от ошибок и грехов (Псалом 118:11).

Читайте его — оно направляет к жизни (Притчи 6:23).

Читайте его — оно радует сердце (Псалом 20:7).

Читайте его — нам дано повеление (Иисуса Навина 1:8).

(Т. Б. Джошуа)

Кто, Как Мой Иисус?

«Иисус», — продолжала она молиться. «Это мой последний шанс, моя последняя автобусная остановка; пожалуйста, используй человека Божьего, чтобы помочь мне, пожалуйста, позволь моему ребенку родиться здоровым».

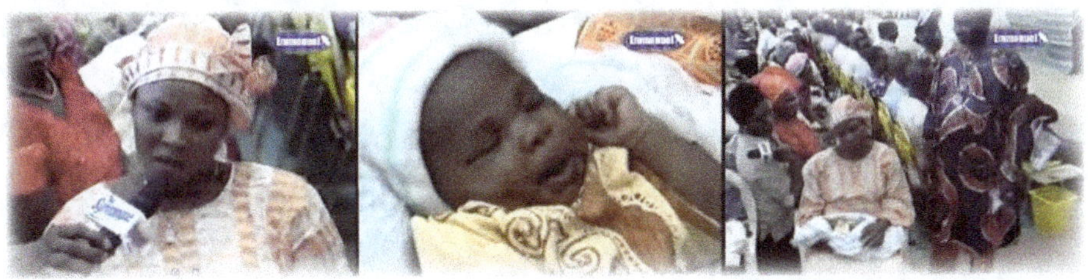

Одетая в оранжевое тканевое платье и в платок по цвету, она приехала в Церковь «Синагога» рано утром на местном маршрутном автобусе и в растущей толпе ожидала, что ее заметят евангелисты. Рассказав о своем затруднительном положении, к своему облегчению, она обнаружила, что ее направили в секцию молитвенной очереди. Она ощущала, как ее живот разбух и ребенок больше не пинается. Что происходило в ее чреве?

Постоянно наплывающая волна страха и разочарования пыталась захлестнуть ее мысли сомнениями, подобными этим: «Сегодня ты здесь не единственная беременная женщина. Посмотри на всех этих людей, ожидающих молитвы. Почему ты думаешь, что именно тебе окажут помощь?»

Она решительно отерла платком пот с лица и продолжила молитву. «Господь Иисус Христос, пусть Твоя милость и благосклонность говорят за меня сегодня; Ты — Целитель, Ты — Творец ребенка в моей утробе. Пожалуйста, используй человека Божьего, чтобы спасти меня сегодня!»

Внезапно ожидание закончилось. Вдали, в дальней части дорожки, где столько лет проходила молитвенная очередь, она могла видеть движение. Команда двигалась, были видны видеокамеры, и она напрягла глаза. Был ли это он? «Да, — сказал ее сосед — это Т. Б. Джошуа».

По мере продвижения вдоль очереди он, простирал руку, чтобы молиться и пророчествовать. Команда служителей выходила вперед и попросила ожидающих встать, когда они сидели за стульями.

Он появился в поле зрения в бежевом одеянии в местном стиле и, устремив на нее глаза, скомандовал. Всю оставшуюся жизнь она никогда не забудет этот звук. Это было обращение к ее младенцу во имя Иисуса Христа.

Мгновенно она почувствовала, как у нее отошли околоплодные воды; начались схватки, и она принялась инстинктивно стягивать юбку.

Ребенок Мгновенно Рожденный в Молитвенной Очереди

Человек Божий сказал: «Нет, нет, нет! Накройте ее!» — и снова со властью в голосе. Сразу же ее проход открылся, открылась матка, все открылось, и на пол вместе с плацентой выпала ее новорожденная девочка.

После этого, все что происходило, далее было размытым: опытные помощники отвели ее в уборную и, проверив, что плацента полностью высвободилась, перерезали пуповину и обернув ее чудо-малышку чистой тканью и унесли отдыхать.

Мы были в группе гостей, которые своими глазами стали свидетелями этого невероятного чуда. На следующий день посетители увидели красивого, здорового ребенка и услышали всю историю о том, как она болела, а ребенок перестал двигатся в утробе. Мы удивлялись и благодарили Иисуса.

Маленькая девочка росла и преуспевала во всем. Десять лет спустя она вернулась в Церковь «Синагога», чтобы свидетельствовать и рассказать об отличной успеваемости в школе.

Церковь Всех Народов

Святой Дух направил Т. Б. Джошуа переехать в Лагос (бывшую колониальную столицу Нигерии) и отделил его для дела Господнего. Ему было велено начать служение и назвать его «Синагога Церковь Всех Народов». Чтобы представить себе это: пригород Айкотун Эгбе находится в слаборазвитом районе на окраине огромного мегаполиса, где все жители — нигерийцы. Обетование увидеть церковь для всех народов в этом месте казалось почти невозможным, как и Аврааму в Библии было сказано, что он станет отцом многих народов, когда его жена была бездетной в возрасте 90 лет (Бытие 17). Более того, начало церкви под кронами дерева с несколькими женщинами и детьми — первыми прихожанами, было, мягко говоря, не совсем благоприятным. Но так должно было быть. Т. Б. Джошуа часто говорил:

> «Все большое начинается с малого; если что-то начинается с большого, это вызывает подозрение».

и так же,

> «Когда видение исходит от Бога, будет и сильное желание его исполнить. Даже если вы не видите, как, вы все равно достигните его исполнения. И не важно какие препятствия встанут на вашем пути, вы всегда найдете возможность построить мосты, которые проведут вас над пропастью между вами и местом вашего назначения». (см. Филиппийцам 3:13)

Еще до того, как в Айкотун Эгбе приехали первые иностранные

посетители, все члены церкви имели видение, что однажды церковь станет международной и ее будут посещать верующие со всего мира. Позже нам предстояло встретить прихожанку церкви, приехавшею учиться в Великобританию, которая часто слышала об этом в первые дни церкви и задавалась вопросом, как бы это могло произойти. Но она также была в церкви в первый день, когда появился первый иностранный гость — белый пастор из Южной Африки, который слышал о чудесах, и поэтому она знала, что Бог верен исполнить Свои обещания.

Ранние Групповые Посещение

В 1990-х годах искренние верующие в Иисуса (в основном с Запада и протестантского вероисповедания) были готовы путешествовать по миру в поисках пробуждения, т. е. доказательства силы Божьей в действии. Верующие христиане сначала в Южной Африке, а затем в Европе, США и Азии начали слышать об этом человеке из Нигерии. Он жил простой жизнью в молитвенной хижине, праведник, которого использовал Бог. Люди были впечатлены тем, что они слышали об этом смиренном человеке Божьем, который много времени проводил в молитве. Судя по свидетельствам, Бог могущественно использовал его в знамениях и чудесах.

Сила Божья была явна и очевидна, и разве не все мы нуждались в силе? Да, действительно, но те, кто посетил Церковь «Синагога», быстро осознали, что это все было больше о праведности, о поиске Царства Божьего прежде всего остального.

Примерно с 1999 года стали приезжать посетители из других стран. Больные получали исцеление, угнетенные были освобождаемы, и было много свидетельств! После наших первых поездок в 2001 году мы начали брать друзей, чтобы и они познакомились с этой прекрасной церковью. Групповые посещения быстро развивались, информация о них переходила в основном из уст в уста, привлекая тех, с кем мы раньше не встречались.

Примерно в это время было много разных людей, помогавших организовывать групповые визиты в Церковь «Синагога».

Посетители удивлялись тому, что делал Бог, но также все же пытались уместить это в свое понимание «пробуждения». Но это было нечто совсем иное — праведник, пророк библейского масштаба, современный Иисус Навин. Чудеса и демонстрация власти над злыми духами, в частности, были потрясающими в визуальном плане. Это вызвало разную реакцию — у кого-то изумление, а у кого-то скепсис.

Некоторые из восхищавшихся пытались внешне копировать того, что они видели — стиль молитвы и т. д. Другие заинтересовались Синагогой как потенциальной моделью «управления церкви». Но ни в том, ни в другом не было смысла. Как мы привыкли говорить людям перед их визитом, «суть Синагоги, не в Синагоге, а в новом уровне посвящения Иисусу Христу».

Многие посетители приходили со своим «магазинным» списком молитвенных нужд и прошений, но Святой Дух исцелял, освобождал и благословлял, так как Сам считал нужным! Как написал немецкий богослов XV века Фома Кемпийский в своей классической книге «Подражание Христу»: «Homo proponit, sed Deus disponit (лат.)» или «Человек предполагает, а Бог располагает».

Т. Б. Джошуа объяснил некоторые ограничения подхода к молитве в форме «списка покупок»:

«Сегодня люди думают, что исцеление, чудеса, дары пророчества и все Божьи благословения совершаются по желанию. Вот почему, когда вы встречаете пророка, вы просите о молитве, не задумываясь о том, подходящее ли для этого время. Мы еще не привыкли к служению пророка».

Опыт Посещения

Обширная страна Нигерия, как правило, не являлась излюбленным местом назначения для иностранного туризма. Большинство людей приезжали туда только ради бизнеса или потому, что являются частью диаспоры, чтобы повидаться с семьей. Часто было трудно получить визу даже при наличии официального приглашения от церкви, которое являлось обязательным условием для посещения.

К посетителям относились как к личным гостям Т.В. Джошуа, и в первые дни посещение было бесплатным. По мере роста числа людей будет взиматься плата за проживание, включающая в себя питание и транспорт.

Посетитель из Южной Африки охарактеризовал пребывание в Церкви «Синагога» как «маленький кусочек Небес на земле». Почему? Из-за исполнения молитвы Господней: «Да придет Царствие Твое, да будет воля Твоя на земле, как на небе». Это место на земле, где исполняется воля Бога и расширяется Царство Божье.

При посещении Церкви «Синагога» ощущалось невероятное чувство праведности и святости. Усиливалось желание читать Библию, и посещающий начинал больше осознавать грех и необходимость измениться. Бог был реальным, и Его присут-

ствие можно было почувствовать. Некоторые посетители из Восточной Европы также утверждали, что видели ангелов в церкви и на «Молитвенной горе». Иногда на фотографиях, которые они делали, были необычные явления, как это было в 2006 году у входа в церковь.

Основная причина посещения заключалась в том, чтобы искать Бога для «спасения души», приближаться к Нему и возрастать в святости. Основное внимание уделялось духовной жизни и личному хождению с Иисусом Христом, к имени которого в Церкви «Синагога» относятся с наибольшим почтением. Мы сами на себе пережили освежение нашей духовной жизни.

Мы всегда говорили потенциальным посетителям в наших группах, о том, что неделя, которую они обычно проводили в Церкви «Синагога» больше была похожа на пребывание в монастыре, чем на типичную христианскую конференцию с ее заранее спланированной программой учений и служений. В любой момент посетителей могли вызвать на молитву, провести с ними занятие по изучению Библии или даже отправить на «Молитвенную гору» посреди ночи.

Фиона на «Молитвенной Горе» в 2005

Столовая для посетителей выполняла роль «общей гостиной комнаты». Между приемами пищи посетителей обычно просили достать свои Библии и записные книжки и посмотреть подборку библейских учений, видеороликов о чудесах и освобождениях. По мере развития «Emmanuel TV» расписание телеканала заменило просмотр видеокассеты в формате VHS. Зал богослужений открыт круглосуточно и без выходных для уединенной молитвы, и многие посетители предпочитали проводить там тихое молитвенное время каждый день. Также были посещения «Молитвенной Горы», живое обучение, а иногда время для вопросов и ответов с Т. Б. Джошуа.

Однажды он, обращаясь к посетителям спросил: «Хотите ли вы знать прямой телефонный номер Иисуса — тот, по которому можно позвонить и получить ответ, а не просто заполнить воздух громкими возгласами?» Мы все внимательно слушали, пытаясь понять, и он объяснил нам очень просто — прямой телефонный номер Иисуса — «вера». То есть, когда мы обращаемся к Богом, нам нужно верить, что Он слышит нас и ответит по-своему и в свое время. Мы не просто заполняем воздух пустыми звуками.

Для большинства посетителей главным событием было воскресное богослужение, а в первые дни — также и служение по средам. Так же нас часто приглашали на встречи для новоприбывших по понедельникам. Богослужения обычно длятся весь день, а в некоторых случаях — и всю ночь. Все служения продолжались даже в середине масштабного проекта реконструкции нового «святилища» (зала богослужений) в 2003 году.

Многие приходили к нам, руководителям группы и говорили: «Я

Строительство Нового Церковного Здания в 2003 г.

хочу, чтобы Т. Б. Джошуа поговорил со мной на служении; я хочу обсудить с ним свою проблему». У нас всегда был один ответ: «Вам нужно обратиться выше, и поговорить с его генералом, его начальником — Иисусом Христом! Он тот, кто наставляет Т. Б. Джошуа, который сам по себе просто является обычным слугой».

Перед служением, на котором молятся, с посетителями проводились собеседования, и их физические диагнозы были ясно написаны на плакатах, которые каждый посетитель обычно держал в руках. Для многих этот подход был инновационным, но вся цель заключалась в том, чтобы пристыдить сатану, «лукавого».

Во время молитвы некоторые люди начинали испытывать рвотный позыв или кашляли, выплевывая излишки слюны, мокроты или даже крови. Для многих посетителей это было новым явлением, но позже мы обнаружим, что оно не ограничивалось какой-либо определенной культурой; это происходило и в других странах, куда Т. Б. Джошуа или посланные им евангелисты отправлялись помолиться. Такая реакция часто указывала на своеобразное избавление от злых духов и часто сопровождалась избавлением от боли или другим исцелением.

Санитарная команда вооружалась перчатками, швабрами, дезинфицирующим средством, ведрами и чистым песком, каждый раз в твердом ожидании, что сила Божья будет провляться таким образом; позже на собраниях будут применяться продезинфицированные подносы. В Церкви «Синагога» роль санитарной команды

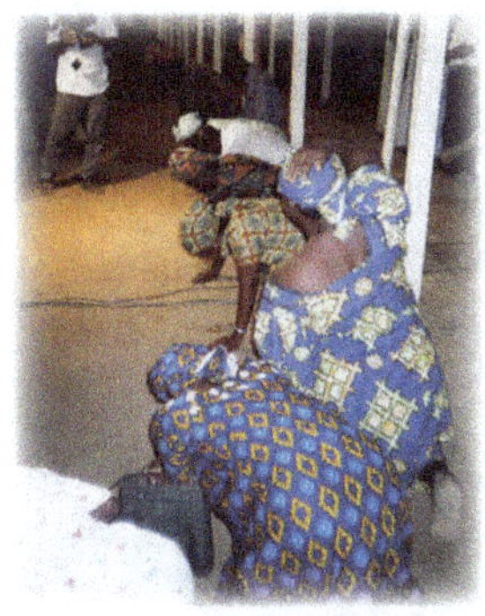

Изрыгание Ядовитых Веществ

уборщиков обычно брали на себя сильные женщины среднего возраста, красиво одетые в накрахмаленные красочные местные головные уборы.

Людям, которых охватывала рвота, рекомендовалось встать на колени, а не ложиться на спину из соображений безопасности. Имело место внимательное наблюдение, и когда освобождение было завершено, им предлагались свежие салфетки, чтобы вытереть рот, и твердая надежная рука, чтобы помочь им встать или сесть на стул.

Власть над злыми духами во время богослужений была на уровне, о котором мы читаем в Книге Деяний. Был период, когда так называемые «огбанжи» (одержимые демонами люди) духовно «арестовывались» молитвой. Без человеческого прикосновения к ним, их ноги скрещивались, тело обездвиживалось и им служили библейским учением, пищей и кровом в течение нескольких дней, обычно до следующего богослужения. В тот момент они выстраивались в линию рядом с церковным алтарем, чтобы исповедоваться, а затем получить освобождение и отправиться в свой путь с ободрением продолжать жить для Иисуса.

Публичные свидетельства, часто имеющее Х-рейтинг из-за взрослого содержания, были неотъемлемой частью крупных случаев освобождении; это было то, посредством чего люди могли учиться и быть предупрежденными не попадать в те же ловушки что и те, кто теперь так нуждался в освобождении. Некоторые из историй можно было описать только как такие «от которых волосы вставали дыбом» и уж точно не для чувствительных ушей. Тем не менее, они становились весьма «отрезвляющим» уроком для многих, кто просто жил беспечной жизнью.

С годами различные примеры в служении освобождения позволили лучше понять духовный мир. Были рассказы о наблюдении за мертвыми телами в течение нескольких месяцев, всевозможные способы воздействия злых духов на человеческое тело и душу, а также подробные описания соблазнов, которые уводили людей от крепкой семейной жизни в порнографическую зависимость, блуд, насилие, прелюбодеяние или мошенничество. По мере того, как доступ к интернету все шире распространился на обширном африканском континенте с помощью технологий «смартфонов», был период времени, когда особое внимание в освобождении и свидетельствам уделялось случаям, связанным с интернетом.

Встреча с Человеком Божьим

Более 25 лет Т. Б. Джошуа старался лично встретиться с каждым посетителем — пожилым и молодым, богатым и бедным, образованным и необразованным, верующим и неверующим, христианином, представителем других вероисповеданий или атеистом. Этой встречи с нетерпением ждал каждый иностранный посетитель. Команда Церкви «Синагога» устраивала настоящий марафон, с целью того, чтобы каждый посетитель мог увидеть человека Божьего и при этом после встречи вовремя доставить их в аэропорт. Это было святым делом, в котором преуспела команда евангелистов.

> *"Когда вы находитесь рядом с человеком Божьим, вы ощущаете страх Божий, трепетную атмосферу и благоговение. И это определенно приводит вас к более глубокому восторгу и святому страху перед Богом".*
>
> **Юлия, Украина**

Посетитель с бьющимся в груди сердцем ждал на стульях возле небольшого офиса. Войдя, встречал ли он там «г-на Т. Б. Джошуа» или «Пророка Т. Б. Джошуа» казалось, зависело от того, как человек использовал время, проведенное в Церкви «Синагога» и от своей открытости Богу. Некоторые видели только «г-на» и получали приветствие, рукопожатие и пакет подарков, например видео, заметки к проповеди, футболки или помазанные наклейки. Другие видели пророка, истинного верующего, из чьего чрева текла Живая Вода, Святой Дух, чтобы удовлетворить их нужды с помощью помазанных пророчеств и молитв. Но внешне все выглядело одинаково.

Мы были глубоко убеждены в том, что христианство — это не религия, а взаимоотношения с Иисусом, и что Деяния Апостолов все еще продолжались сегодня, с нашими сердцами, наполненными радостью Божьей. Будут теплые прощания команды с посетителями, и мы сядем в автобус что бы отправиться в аэропорт.

Так случилось и с одним пожилым британцем.

Наш друг, пастор, беспокоился о своем отце, который был убежденным неверующим. Он взял с собой отца, у которого была сильная катаракта, в один из визитов в Церковь «Синагога». То, что произошло, было потрясающе! Об этом человеке в возрасте под 80 лет хорошо заботились, но его не поместили в молитвенную очередь. В офисе вместе с его сыном, Пророк Т. Б. Джошуа дал ему личное слово знания, о том, чего не знал никто, даже его сын. На следующий день в самолете домой отец заплакал и исповедовался своему сыну, который затем повел его в молитве покаяния и посвящения Иисусу Христу. С того дня его отец стал другим человеком, он хотел, чтобы его обучали Писанию. Немного позже он скончался, и Фиона посетила наполненные радостью похороны, где пастор радовался, заявляя о своей вере в то, что его отец теперь на небесах.

Наша вера дороже золота. Бог, которому мы служим, выше испытаний и радостей этой жизни; только вера угодна Богу.

ВЕРА В ДЕЙСТВИИ

На одной из обучающих лекцый для посетителей Т. Б. Джошуа ободрил нас с отеческой улыбкой: «Вы ищете исцеления, но, если вы пойдете на рынок, вы поймете, что вы не можете купить одежду за 5 долларов имея на руках всего 2 доллара. Точно так же ваша способность верить должна возрасти что бы получить то, о чем вы просите. Вера — это Небесная валюта, которая покупает Небесные вещи. Количество вашей веры — это количество Небесных

> **«Я отправилась в Церковь «Синагога» религиозным человеком, но вернулась новым человеком, новым творением во Христе».**
>
> **Аушрине, Литва**

ресурсов, которое вы можете получить». Это было искреннее послание, которое мы все могли понять. Итак, вопрос был: «Как нам увеличить нашу способность верить?» Ответ пришел быстро:

«Ваша способность верить может увеличиваться или уменьшаться в зависимости от того, насколько вы питаете свою душу Словом Божьим — Библией».

Мы также узнали, что вера должна быть испытана, чтобы укрепиться в наших сердцах и расти.

«После посещения Церкви «Синагога», присутствие Святого Духа и любовь Иисуса Христа постоянно направляет мою жизнь».
Анимеш, США

Были времена, когда вера человека подвергалась серьезным испытаниям так, как в случае с матерью девочки одержимой демонами, которую Иисус и его ученики, как известно, игнорировали.

«И вот, женщина Хананеянка, выйдя из тех мест, кричала Ему: помилуй меня, Господи, сын Давидов, дочь моя жестоко беснуется. Но Он не отвечал ей ни слова.

И ученики Его, приступив, просили Его: отпусти ее, потому что кричит за нами». (Матфея 15:22,23)

Иисус испытывал ее веру. В конце концов, похвала, которую Иисус воздал этой женщине, является посланием и ободрением для всех.

«Женщина, велика веря твоя!» (Матфея 15:28 Современный перевод)

Это событие знаменательно во многих отношениях, и мы видели его отражение в том, как Т. Б. Джошуа, публично хвалил скромных деревенских жителей за их твердую веру в искупительную силу Иисуса.

Некоторые посетители входили на территорию Церкви «Синагога», вдыхая глубоко грудью и в глубине души зная, что они вошли на «арену свободы». Такая вера была получена от Бога. Был ли человек помещен в какую-либо молитвенную очередь, останавливался ли он в здании церкви или в ближайшей гостинице, возлагал ли кто-нибудь на него руки в молитве или нет,

Воскресное Богослужение Церковь «Синагога» в 2009 г.

не имело особого значения. Присутствовали ли с ними их нуждающиеся близкие или они приносили с собой только их фотографии, не имело значения. У них была небесная валюта веры в Иисуса Христа, нашего посредника и защитника. Такие люди часто свидетельствовали на следующей неделе, давая понять, что нет никаких особых методов или «волшебных» шагов, которым нам всем можно было бы следовать.

Точно так же человек мог быть частью группы, быть помещен для молитвы в молитвенную очередь и получить ответ от Бога, но затем быстро потерять благословение по возвращении домой. Мы сами должны играть важную роль в сохранении нашего благословения!

Все большое начинается с малого; наше доверие к Богу как Целителю необходимо проявлять в небольших проблемах повседневной жизни. Как знает любой бегун, нельзя вот так просто пробежать марафон, если ты не в состоянии пробежать 5 км.

Иногда посетителей просили принести фотографию своего больного родственника и таким образом представлять их в молитве. Те, кто мог принять это верой, видели в посещении церкви время приблизиться к Богу и отдать своих близких в Его сильные руки. Пророк Т. Б. Джошуа в таких случаях мог получить от Бога личное пророчество или слово знания для человека за которого стояли в молитве его близкие. Бог отвечает на нашу веру, а не на наше отчаяние.

Другие посетители узнали, в ожидании, что на самом деле лучшее время — это Божье время. Мы хорошо помним одну россиянку, которая в начале не получила разрешение посетить Церковь «Синагога» и задавалась вопросом, почему же так вышло. Прошло несколько месяцев, и позже она с радостью присоединилась к другой группе и получила молитву за себя и ее семью

> *«До моего освобождения в Церкви «Синагога», я слишком высоко ценила вещи этого мира, но теперь я нашла цель в этой жизни и в вечности».*
>
> **Лерато, Германия**

на воскресном служении. На следующий день, когда мы встретились с ней за столом для завтрака, она металась взад и вперед в поисках переводчика.

Что произошло? Задыхаясь, она объяснила: «Бог ответил на мои молитвы! Мне позвонили; муж моей дочери находится в тюрьме. Сегодня ему сказали, что срок его тюремного заключения сокращен на девять месяцев, и его освобождают!» Она подняла руки к небу и провозгласила на русском: «Спасибо тебе, Иисус!» Воистину, пути Бога — это не наши пути. Он исцеляет и благословляет как Сам пожелает.

Свидетельства для Будущих Поколений

Во время земного служения Иисуса чудеса побуждали людей прислушаться к вести о спасении. Как Т. Б. Джошуа часто говорил:

> «Чудо — это не самоцель, а средство для достижения цели — спасения вашей души».

Одним из наставлений Святого Духа с самого начала его служения было «вести летопись» того, что совершал Бог. Его документальный фильм «Моя история», к примеру, был подкреплен видео доказательствами с самых ранних этапов служения.

В Библии есть записи о некоторых чудесах земного служения Иисуса Христа. Мы читаем, как человек, ожидавший у купальни Вифезда был инвалидом в течение 38 лет; женщина, прикоснувшаяся к краю одежды Иисуса, истекала кровью в течение 12 лет, потратив все свои деньги на попытки найти лекарство. Чтобы эти факты были зафиксированы, кто-то должен был опросить людей, которые были исцелены.

«Много сотворил Иисус пред учениками Своими и других чудес, о

которых не писано в книге сей. Сие же написано, дабы вы уверовали, что Иисус есть Христос, Сын Божий, и, веруя, имели жизнь во имя Его». (Иоанна 20:30,31)

Цель записи событий в Евангелиях ясна. Это должно было привести читателя к спасительной вере в Иисуса Христа.

Большая страсть Т. Б. Джошуа к прославлению Иисуса и спасению людей стала движущей силой всего видео служения Церкви «Синагога» и «Emmanuel TV».

Ранние VHS Видео с Церкви «Синагога»

Видеозаписи часто делались до, во время и после молитвы. Посетители получали копии видеосвидетельств, которые они могли забрать домой и использовать в соответствии с водительством Святого Духа. Знаменитая видеокассета «Божественные чудеса, часть 5», на которой записано исцеление человека от рака ягодиц, разошлась по многим странам.

Одним из первых вдохновений, которые мы получили, было попытаться донести видео о чудесах до гораздо более широкой аудитории. Мы показывали видео нашим друзьям, но более масштабное видение для достижения этой цели, такое как собрать людей в кинотеатре или клубе, чтобы смотреть эти могущественные освобождения, казалось, труднодоступным. Как такое могло быть осуществимо в Великобритании? Пророк Т. Б. Джошуа был человеком, который имел видение на будущее. Видел ли он будущее, когда «Emmanuel TV» штурмом возьмет YouTube и люди будут смотреть видеоклипы по всему миру в своих гостиных? Тогда, в 2001 и 2002 годах, об обмене видео онлайн даже не могли себе представить.

Как и в других сферах жизни, есть часть Бога, а есть наша часть ответственности. Бог может сотворить чудо, но есть много нашей собственной работы, которая должна быть направлена на то, чтобы записать свидетельство об этом чуде таким образом, чтобы можно было ясно передать его другим. По этой причине с теми, кто приходит на молитву в Церковь «Синагога», проводят собеседование во время регистрации и просят предоставить официальное медицинское заключение, если их состояние подтверждалось медицинским диагнозом. В это время также предоставляется возможность дать совет тем, кто ищет исцеления, а в некоторых случаях посоветовать им предпринять больше шагов, чтобы сначала укрепить свою веру в Иисуса Христа.

> **«В течении каждого визита в Церковь «Синагога», Иисус изменяет наш характер, наши привычки и наше мышление».**
>
> **Ритис, Литва**

Затем во время самой молитвы съемочная группа является важной частью служения. В конце концов, только горстка людей может ясно видеть, что происходит в молитве непосредственно перед собой; тысячи людей могут увидеть это на экранах, установленных повсюду в церкви; потенциально еще миллионы людей могут увидеть молитву в прямом эфире и записанную на видео. Поэтому для славы Бога важно, чтобы ничто не загораживало линию обзора видео камер.

Неутомимые члены команды остаются надолго после завершения служения, беседуя с теми, у кого есть настоящее свидетельство или опыт, которыми они могут поделиться, чтобы вдохновить других к вере во Христа.

Божественное Исцеление

«Божественное исцеление — это сверхъестественная сила Божья, приносящая здоровье человеческому телу».

Физическое свидетельство того, что сверхъестественное вызывает изменения в нашем теле, которые мы называем «Божественным исцелением во имя Иисуса Христа», не является магией; это не какая-то абстрактная «сила». Мы получаем исцеление по благодати и поддерживаем его верой. Божественное исцеление, избавление и прорыв доступны безвозмездно через крест Иисуса

Христа.

Как постоянно учит Т. Б. Джошуа, исцеление в Библии — это обетование, связанное с жертвой Иисуса на кресте:

> «Все наказание, которые принял Иисус Христос до и во время распятия было для нашего исцеления: духа, души и тела».

> «Иисус заплатил за ваше полное исцеление, когда Он умер на кресте». (см. 1 Петра 2:24)

> «Есть лишь одно основание востребовать исцеление/благословение/спасение/защиту — это Его раны».

> «Вы могли не получить исцеления, но это не означает что Он не обеспечил его; ранами Его мы исцелились».

Многие другие мужи и жены веры на протяжении многих лет также учили принципу божественного исцеления через искупление. Например, А. Б. Симпсон (1843–1919 годы жизни), основатель «Христианского и Миссионерского Альянса», писал:

> «Искупление Иисуса Христа покрывает наши болезни и дает твердое основание для того, чтобы принять в Его Божественное имя, исцеление через простую веру, когда мы ходим в святом послушании, что, конечно же, является необходимым элементом, в пределах которого мы можем продолжать получать любое из благословений Евангелия».[13]

Не Ограничивайте Бога

Иисус обеспечил исцеление, но Т. Б. Джошуа также учит на основании Библии, что мы не должны ограничивать Бога определенными ответами на молитву.

«Когда вы молитесь, вы не должны ограничивать Бога определенными ответами; пусть ваша молитва будет благодарностью, не только за то, что Он сделал, но за то, что Он может сделать, потому что мы можем не знать, насколько мы нуждаемся в Нем. Он способен на большее, чем мы могли когда-либо помыслить».

13　Симпсон, А.Б. (Август 1890). *Божественное Исцеление в Искуплении*, Христианский и Миссионерский Альянс, стр. 122–124.

Мы, как люди, можем быть очень требовательными. Мы внешне можем спокойно сидеть в церкви, но эти и другие вопросы могут бушевать в наших сердцах:

- «Все зависит от Бога; Он обладает силой; Он может исцелить меня, если захочет».

- «Я накопил и заплатил (или занял) много денег, чтобы приехать сюда; поэтому Бог должен ответить на мою молитву!»

- «Моя близкая родственница при смерти; Иисус должен прикоснуться к ней сегодня».

- «Я больше не могу выносить ситуацию на работе; человек Божий обязан проговорить ко мне сегодня».

- «Я молюсь всю ночь; я пощусь; я плачу весь день; поэтому Бог должен услышать меня».

- «Я платил десятину в течение многих лет, я хороший член церкви и помогаю преподавать в воскресной школе. Почему все эти болезни мучают меня?»

- «Я потратил все свои деньги на посещение всех известных практиков альтернативной терапии, сангомасов (травников, знахарей) в моей стране, но мне не стало лучше. Может ли этот человек Божий помочь мне?»

- «Я не очень-то верю во все это, но я слышал, что у этого пастора есть некая сила; может быть, он мне поможет».

В каждом ободрении, данном тем, кто страдает, есть нечто общее, что заключается в том, что Иисус никогда не обещал уберечь верующих от трудных времен или испытаний, но помочь им пережить их. Как Т. Б. Джошуа часто объяснял:

«Исцелит меня Иисус или нет, Он мой Целитель; благословит ли он меня или нет, Он мой Благословляющий Обеспечитель».

«Научиться слышать Бога в молитве является гораздо большим благословением, чем-то благословение, которое вы ожидаете получить».

Мы снова видим, что христианство — это не религия, формула или метод достижения успеха, а личные отношения с Богом через Иисуса Христа.

История Эвелин из Венгрии типична для многих, кто получил божественное исцеление через молитву в Церкви «Синагога». Физическое улучшение — большое благословение, но рост в личных отношениях с Богом — еще большее.

«В детстве оглохла на правое ухо. Причина была неизвестна, и, несмотря на различные методы лечения и удаление миндалин, улучшения не было. В конце концов врачи сказали мне, что повреждены нервы, и не существует решения моей проблемы, что доставляло мне много неудобств в повседневной жизни. Став взрослой, я продолжала получать подтверждение того же диагноза, и кроме слухового аппарата, которым было неудобно пользоваться, решения не было.

После более чем тридцати лет глухоты, всего одного прикосновение с Небес через человека Божьего, Пророка Т. Б. Джошуа (в 2016 году) положило конец этому страданию. Мое ухо стало слышать, и мое свидетельство распространилось повсюду, достигая людей в разных странах и на разных континентах.

Однако величайшим чудом было не мое исцеление, а тот факт, что я получила долю благодати и помазания Пророка Божьего, который дал мне величайшее из всех благословений: я научилась следовать Божьему пути, времени, и молиться согласно Его воле, Его Духом. Нет слов, чтобы выразить мою благодарность; все, что у меня есть, это жизнь для Иисуса».[14]

Бог и Медицина

Тот факт, что Иисус исцеляет и сегодня, не отменяет благородной работы медиков в нашем лечении и диагностике, когда мы больны.

«Если вы не можете доверять Богу в медицине, вы не сможете

---

14 В личном общении.

доверять ему без медицины».

Т. Б. Джошуа провозгласил это послание во время оживленного воскресного служения в прямом эфире по телеканалу «Emmanuel TV». Повторив, он, сказав: «Запишите это!»

Это не ситуация «или-или» — либо вы используете лекарства вместо того, чтобы доверять Богу, либо вы доверяете Богу вместо того, чтобы принимать лекарства. Скорее, речь идет о ваших отношениях с Богом. Если мы не верим, что Иисус с нами через Свое Слово, через Его Дух в нашем лечении, нам может быть сложно поверить Богу о Его обетованиях в Библии в сверхъестественном исцелении.

За многие годы содействия большому количеству международных групп в посещении Церкви «Синагога» стало очевидно, что существует много разных мнений об исцелении и освобождении. Они могут варьироваться от тех, кто считает, что эпоха чудес закончилась, со смертью Апостолов, и что теперь Бог помогает только чудесами современной медицины, до тех, кто описывает каждый симптом и болезнь в духовных терминах, понимая каждую болезнь как духовную атаку, когда необходимо освобождение только с помощью молитвы.

Мы также столкнулись со школой мысли, которая считает, что все можно купить за деньги или востребовать на наших условиях, особенно когда это связано с состоянием здоровья, с которым врачи не могут справиться. Однако, как святость Библии не продается, так и исцеление не продается или не станет доступным, потому что мы достаточно громко кричали и делали заявления веры. Предположение, что внутри каждого человека где-то должна быть накоплена «сила», и многие мольбы и требования помогают ей высвободиться наружу.

Разные культуры используют разные способы описания своих проблем. Те, кто приезжает из стран с более развитым медицинским обслуживанием, будут говорить о «семейных предрасположенностях» к определенным заболеваниям, например проблемам с сердцем и раковым заболеваниям, распространенным в их семье. Мы наблюдали, что часто многие из таких людей прибегали к Богу в лишь крайнем случае, когда становилось очевидным что все остальное им не помогало.

Для представителей иных культур с другим подходом к здравоохранению, где люди с большей вероятностью обращались к церкви или местным травникам (знахарям), чем к врачам, больше имел смысл термин «родовое проклятие» или «семейное проклятие». На самом деле, будь то семейные предрасположенности или семейные проклятия, их последствия для жизни людей на разных континентах часто были одинаковыми.

Некоторые люди обнаруживают, что у них больше шансов получить осложнения от болезни, в то время как у других организм хорошо реагирует на лечение. В некоторых семьях люди были склонны умирать в более раннем возрасте от болезней или серьезных несчастных случаев, в то время как другие были ограждены от этого. Т. Б. Джошуа объясняет, что, когда болезнь становится проклятием, только Иисус может снять проклятие.

Жизнь — это поле битвы. На одном служении он при всех сказал: «Позвольте мне показать вам лицо рака», и, высвободил слово власти над женщиной в молитвенной очереди, которая была больной раком. Ее лицо мгновенно изменилось, став злобной, демонической гримасой.

В некоторых случаях освобождение могло привести к мгновенному исцелению, в то время как другие обнаруживали, что их организм по-иному реагировал на медицинское лечение после молитвы. Мы пришли к пониманию, что не существует однозначных и простых ответов, кроме как ежедневно доверять Иисусу, несмотря на все бури и превратности повседневной жизни.

Доктора Врачуют, Исцеляет Бог

С самых ранних времен христианства христиане были известны своей заботой о больных.

Есть много примеров благочестивых врачей и хирургов, которые видели в Боге того, кто вдохновляет их на приобретение специальных навыков, необходимых для выполнения сложных хирургических операций. Есть также те благочестивые верующие, чьи исследования в медицине привели к великим открытиям, облегчающим страдания. Примером может служить Александр Флеминг, открывший антибиотики, который сказал: «Неподготовленный ум не может увидеть протянутую руку возможностей», и «Природа сотворила пенициллин; я лишь только что обнаружил его».

Бог действительно является Богом природы. Т. Б. Джошуа часто говорил, что лекарства действуют в сфере природы. Как фермер проявляет веру в природу без определенной гарантии получить ожидаемое, когда он сажает семя, ожидая, что оно прорастет, не выкапывая его, чтобы проверить его состояние, так и верующие во Христа должны верить в Бога природы, тем более что у них так много обетований, записанных в Библии.

Т. Б. Джошуа всегда проявлял глубочайшее уважение к врачебной профессии, но подчеркивал, что служители Божьи и врачи должны трудиться рука об руку. На протяжении лет многие обращались за помощью в связи с их заболеваниями, и он направлял их искать помощи специалистов. В одном из таких случаев он объяснил:

> «Когда передо мной пациент, я спрашиваю Бога: «Что ты хочешь, чтобы я сделал, мой Господь?» Если Бог говорит: «Отведи его в такое-то место» — я знаю свои границы. У меня должны быть границы, потому что я не Бог; только Бог не имеет границ. Когда дело касается подобных вопросов — я слуга. Я могу делать только то, что мне дано; Я не могу делать больше того, что мне дано.
>
> Итак, это пример совместной работы — слуги Божьего и врачей. Когда кто-то находится в операционной, Божий слуга будет находиться в состоянии молитвы на протяжении всей операции, так что врач не будет в итоге являться тем, кто сделает операцию, Бог будет использовать свою руку, чтобы сделать операцию».[15]

---

15 *Если Божье Слуги и Медицинские Доктора Работают Вместе,* пост Служения ТБ Джошуа в Facebook, 14 июля 2020 г.

«Человек Божий, пожалуйста, помоги мне!» Во время воскресного служения молодой местный нигериец не мог сдержать своих эмоций: «Я получил травму, выполняя работу для банка, и полученные мной травмы изменили мою жизнь. Я не могу нормально мочиться, у меня вставлен катетер, а я молодой человек...». Его голос затих. Т. Б. Джошуа понимал его.

Созвав к себе нескольких врачей, которые присутствовали на богослужении, он попросил их лично осмотреть этого молодого человека по имени Гифт, а затем обратился к Богу за мудростью. Между тем у молодого человека с колотящимся в груди сердцем появилась надежда — кто-то позаботился о его состоянии. Христианство практично.

Г-н Гифт Делится своим Свидетельством

Вскоре пришло решение; медицинские попытки помочь ему потерпели неудачу в Нигерии, но специализированная поликлиника, в которой хирурги были обучены на более высоком уровне, могла быть Божьим ответом. Так и случилось. Служение профинансировало поездку г-на Гифта вместе с двумя сопровождающими его людьми, в престижную больницу в Индии, оплатив все расходы. Этот молодой человек, ранее никогда не садился в самолет и не имел загранпаспорта. Там была успешно проведена сложная коррекционная операция.

Г-н Гифт вернулся, радуясь и свидетельствуя с благодарным сердцем, что его тело теперь функционирует, он может нормально мочиться, а катетер теперь остался для него смутным и далеким воспоминанием.

Наблюдая за этим, мы были благодарны за мудрость Бога, который наставил Своего слугу поступать в одной ситуацией так, а в другой — иначе.

Чувствительность к Уязвимым

Один из аспектов мудрости Бога в Т. Б. Джошуа выражался в осторожности в молитве за тех, кто относился к уязвимой категории; это могли быть дети-аутисты, дети с психическими расстройствами и дети с психическими заболеваниями, на постоянной основе принимающие серьезные лекарственные препараты.

Нет никаких предпосылок того, что нужно «класть всех под одну гребенку» или что всем необходимо служение освобождения. Мы посещали такие места, где к уязвимым людям не относились с таким пониманием, что в последствии почти всегда приводило к боли и разочарованию.

В самом начале нашего служения, во время группового визита из Великобритании, мы получили благоприятный опыт того, что может случиться, когда мы выходим на свет, на «арену свободы», как позже стали называть Церковь «Синагога». Британский бизнесмен, посетивший Церковь «Синагога», не упомянул о проблеме с психическим здоровьем и о том, что его неоднократно помещали в известное психиатрическое учреждение для лечения. Сначала в молитвенной очереди он поприветствовал Пророка Т. Б. Джошуа (как будто встречался с Папой Римским) благоговейно преклонив колени перед ним и целуя его руку. Однако позже он появился в столовой в распущенной белой одежде, выглядел психически ненормальным, с растрепанными волосами, сжимал крест и отписывал грубые и откровенные комментарии в адрес всех присутствующих. Это было похоже на плохое кино.

Но Т. Б. Джошуа по мудрости от Бога не стал сразу проводить «сеанс экзорцизма». Вместо этого он позаботился о том, чтобы за этим человеком хорошо ухаживали и что бы кто-то постоянно находился рядом, чтобы тот не сделал ничего глупого, «находясь не в здравом уме». Затем он провел время, деликатно наставляя британскую группу, особенно людей, которые его знали, о разнице между лечением психических заболеваний и одержимостью демонами. Мужчина откликнулся на проявленную к нему любовь настолько хорошо, что его пустили на самолет домой.

Помазанное Библейское Учение

Групповые посещения Церкви «Синагога» были также временем духовной подпитки в изучения Слова Божьего. Мы сидели на пластиковых стульях, с любовью сложив Библии на коленях, ожидая в самом деле не слишком длинного учения.

«Иисус, которого я знаю», — Т. Б. Джошуа сказал нам: «Иисус в силе Святого Духа». Он предупредил нас, чтобы мы не читали Библию с обидой и непрощением в сердце. Он брал нас с собою в путешествие по страницам Библии, что бы мы могли понять это:

> «Книга Деяний — это не история, а образец того, какой должна быть церковь».

Можно было бы начать понимать, «как сквозь темное стекло», что «Святая» часть Библии — подобна сундуку с сокровищами и драгоценными камнями. Это не Библия истории, архитектуры и древних цивилизаций, уходящих в глубь веков, а Библия святости, покаяния, убеждения, утешения и

Записи Проповеди «Рупор Бога» с 2003 г.

помощи, Хлеба жизни, Воды для жаждущих и дорожной карты для заблудших.

Оказалось, что всякий кто хотел искать прежде всего Царства Божьего и Его праведности, начинали буквально поглощать библейское учение Т. Б. Джошуа, оценив его простоту и глубину. С другой стороны, те, кто был больше заинтересован в наделении властью, были менее осведомлены о его важности. Библейскому учению всегда сопутствовали небольшими цитатами, которые назывались «цитируемыми высказываниями». Это очень походило на современные притчи, вот, к примеру следующие высказывания:

«Истинное смирение подразумевает полную зависимость во всем от Бога».

«Вашими словами вы постоянно рисуете открытую картину своего внутреннего мира».

Многие из этих высказываний родились в результате постоянного размышления Т. Б. Джошуа над Библией. Т. Б. Джошуа постоянно размышлял над Библией. Члены церкви относились к его высказываниям очень серьезно, и они всегда появлялись в записях церковных проповедей, которые раздавались посетителям, еженедельно покупались, и высоко ценились членами церкви.

Учение было настолько назидательным, что некоторые группы посетителей смотрели обучающие по Библии видеоматериалы в столовой и делали заметки; затем мы все вместе сидели и обсуждали. Каждый спрашивал: «А что записали вы? Дайте возможность взглянуть, чтобы я мог дополнить свои записи».

Более Поздние Записи Проповеди Церкви «Синагога»

Позже, по мере роста числа посетителей из других стран, в конце каждого учения будут проводиться регулярные занятия по изучению Библии со специально отведенным временем для вопросов и ответов. Посетителям это очень понравится.

Т. Б. Джошуа объяснял, что наши отношения с Богом могут быть «глубокими», «более глубокими» или «самыми глубокими». Очень скоро желание, вызванное библейским учением, иметь «больше от Бога» стало более важным, по сравнению с чудесами или «грубыми» свидетельствами и исповедью. После посещения Церкви «Синагога» человек стал больше осознавать грех, становился более смиренным, более снисходительным, менее склонным к сплетням, больше любил Библию и хотел больше ее читать. Присутствие Бога в Его Святом Слове было реальным. Как всегда, задача заключалась в том, чтобы все это сохранить.

К НАРОДАМ

Первый ряд крупных международных евангелизационных мероприятий (с использованием разных названий в зависимости от чувствительности принимающей страны) проходили в период с 2005 по 2007 год, тем самым показывая, что Божья работа может пересекать национальные и культурные границы и, по сути своей, оставаться неизменной вне зависимости от народа или географии. В немалой степени это могло быть связано с тем, что сам Т. Б. Джошуа оставался прежним, всегда хранящим тоже посвящение молитве и стремление послушаться Богу, нежели угождать людям, как в Лагосе, так и за пределами страны.

За исключением более раннего служения в Гане мы имели честь присутствовать на всех служениях и часто входили в состав подготовительных команд на всех крупных «Международных Евангелизационных Мероприятиях» (крусейдах — от англ. «крестовый поход» — одно или серия евангелизационных собраний, на которые обычно собирается большое количество людей) с Т. Б. Джошуа.

БОТСВАНА ДЛЯ ХРИСТА

С радостью в сердце мы отправились в обширную страну Ботсвана на юге Африки с ее относительно небольшим населением, чтобы присоединиться к команде, помогающей готовиться к приезду Т. Б. Джошуа в столицу страны Габароне. Мы прилетели самолетом в Йоханнесбург, проехали из ЮАР до границы, где столкнулись с габаронской жарой. Пребывание в доме местной семьи без кондиционера, только с простым вентилятором, было хорошей практикой для наших будущих поездок со служением «Emmanuel TV» в Пакистан. Там подача электроэнергии по одному часу перемежалась по одному часу с отключением, и на один час выключалось, и кондиционирования воздуха определенно не было. В последний момент команда запросила достать несколько национальных флагов, и мы

*Фиона в Ботсване,
Март 2005 г.*

нашли магазин спортивных товаров, чтобы приобрести необходимое количество в кратчайшие сроки.

Мы были там со многими другими в день прибытия Т. Б. Джошуа в Ботсвану 7 марта 2005 года.

«Я так взволнована», — сказала одна женщина своему соседу, «Т. Б. Джошуа приезжает в нашу страну. Вы знаете, что я была в Церкви «Синагога» в прошлом году, и действительно, с тех пор моя жизнь изменилась».

«Откуда у вас этот национальный флаг Ботсваны?»

«Пойдите и спросите этих британцев; они раздают».

«Подождите, вот и машина! Это он?»

«Он выходит! Он так просто одет!»

«Он обращается к нам!»

«Пришло время говорить устами то, во что мы верим сердцем».

«Я здесь для того, для чего я родился, для чего я живу и за что я готов умереть — чтобы рассказать людям об Иисусе Спасителе, Целителе и Избавителе».

Прибытие Т. Б. Джошуа в Ботсвану

Не было пустых разговоров и слов, просто выражение того, что было в его сердце.

В первый вечер евангелизации на национальном футбольном стадионе Т. Б. Джошуа обратился к молодому человеку, которому пришлось ходить на костылях после автомобильной аварии:

«Ты должен быть готов смотреть дальше исцеления. Ищи спасения. Спасение твоей души, это то, для чего я здесь».

Показав рентгеновские снимки винтов, вставленных в кости, и пожаловавшись на боль, молодой человек по имени Годфри воскликнул в ответ:

«Я хочу, что бы Иисус исцелил меня полностью».

«Исцеление — не самоцель; это средство для достижения цели. Ты должен быть готов следовать за Иисусом. Когда ты исцелишься, найди живую церковь. Каждый может получить благословение, но не каждый может его удержать».

«Я готов следовать за Иисусом после моего исцеления».

«Не ходи туда, где Иисус не приветствуется».

Затем мистер Годфри получил молитву и чудесное исцеление, а на следующий день вернулся, чтобы открыто засвидетельствовать и продемонстрировать, что ему больше не нужны костыли.

Пророк Т. Б. Джошуа часами ходил среди толпы на футбольном поле, молясь за

Г-н Годфри Получает Исцеление в Ботсване

многих, таких как мистер Годфри, и говоря точные личные пророчества многим другим.

Затем рано утром Т. Б. Джошуа помолился о дожде. В те годы Ботсвана переживала сильную засуху, что отрицательно сказалось на сельскохозяйственной отрасли, являющейся неотъемлемой частью инфраструктуры страны. Когда он вознес молитву, стоя на поле посреди того стадиона, мы удивились тому, как тут же пошел дождь — первое Божественное знамение быстро последовавших изменений в климате страны.

Корея для Христа

В течение следующих нескольких лет Т. Б. Джошуа посетил несколько азиатских стран, с проповедью Евангелия.

Несколько южнокорейских посетителей проделали долгий путь в Церковь «Синагога», потому что они слышали обо всем, что делал Бог. Приглашение должно было ознаменовать начало трех значительных событий в Южной Корее. Первым местом проведения спортивный комплекс «Аньян» недалеко от Сеула.

Молодая Женщина Получает Исцеление в Корее, 2005 г.

Это был май 2005 года, и Пророк Т. Б.. Джошуа молился за людей об исцелении и освобождении. Одним из примеров множества чудес была молодая женщина, которая рассказала, что сломала ногу в результате несчастного случая и теперь не может ходить без костылей. Она со слезами на глазах говорила: «Я хочу бегать!» После молитвы, на глазах у всех, она свободно побежала.

Увидев, что Т. Б. Джошуа молился за девушку, у которой проблемы с ходьбой, мы заметили, что она благоговейно взяла его руку и поцеловала. Подобное повторялось неоднократно на протяжении многих лет; бывало маленькие дети, которые без всякой подсказки заявляли «Я люблю тебя», человеку Божьему.

По городу разошлись слухи, что в городе был человек с помазанным служением исцеления, и большое количество людей заполнили спортивный комплекс в поиске исцеления. Им нужно было услышать послание! Евангелизация длилась четыре дня, и под водительством Святого Духа Пророк Т. Б. Джошуа проповедовал послания, в которых затрагивались некоторые важные вопросы

получения божествен-
ного исцеления.

В первом послании,
«Ваша роль, часть 1», он
ясно дал понять, что в
вопросе принятие исце-
ления или искупления

Крусейд Корея для Христа в 2005 г.

не все зависит от Бога; у нас также есть своя роль — верить. Во второй части этого послания он подчеркнул: «Я не целитель, у меня нет собственной силы. Я не Бог — я Его слуга. Я могу идти только туда, куда Бог хочет, чтобы я шел».

Третье послание было о грехе, «Ваш Настоящий Враг». «Ваш враг сатана не может править, контролировать или командовать вами без греха. Следовательно, грех — ваш настоящий враг». Последним посланием было ободрение в том, что Бог всегда добр и благ. Уча о жизни Иова, он воодушевлял толпу: «Исцелены вы или нет, независимо от того, окажет ли к вам внимание Пророк Т. Б. Джошуа или нет, оставайтесь верными Иисусу, потому что исцеление предназначено для спасения вашей души».

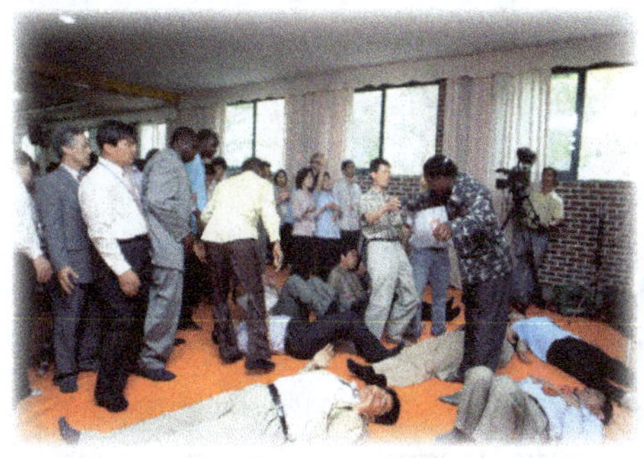

Пасторская Конференция в Корее с Т. Б. Джошуа в 2005 г.

После евангелизации, в центре для уединения под названием «Молитвенная Гора», за пределами города была проведена пасторская конференция. Когда Т. Б. Джошуа молился за пасторов для передачи помазания, это было похоже на дикое собрание пробуждения, когда пасторы падали под действием силы Святого Духа и радости без возложения на них рук. Даже видео-операторы Церкви «Синагога» не избежали помазания, изо всех сил пытаясь удержаться на ногах, они были «сражены» Святым Духом. Святой Дух действовал, но, как всегда, задача для каждого, на ком была явлена, Его сила заключалась в том, чтобы сохранить присутствие Божье и не потерять его впоследствии.

Австралия для Христа

Член Парламента Приветствует Посетителей на Австралийском Крусейде с Т. Б. Джошуа в 2006 г.

Крусейд «Австралия для Христа» представлял собой мероприятие на открытом воздухе, которое проводилось в международном спортивном парке «Блэктаун» в Сиднее 24 и 25 марта 2006 года. Местный мэр и член парламента посетили его с официальными приветствиями. Христианским служителем представившим Т. Б. Джошуа был уважаемый пожилой евангелист Билл Сабрицки из Новой Зеландии. Он посетил Церковь «Синагога Всех Народов» с группой пасторов. По возвращении он сыграл важную роль в свидетельстве о том, что Бог совершал через Т. Б. Джошуа, распространяя видеозаписи с чудесами. Он хорошо знал о противоречиях и преследованиях, окружавших служение. В вечер открытия он засвидетельствовал, как Бог могущественно использовал Т. Б. Джоша, закончив свое вступление словами: «Так воздайте же славу Богу за это служение!»

Т. Б. Джошуа и Билл Сабрицки во Время Молитвы Покаяния

Помимо ярких случаев исцеления, освобождения и пророчества, еще одной примечательной особенностью главного события был призыв к покаянию, к ответу на весть о спасении, который совместно проводили Билл Сабрицки и Т. Б. Джошуа.

Для одного человека жизнь начала меняться, когда Пророк Т. Б. Джошуа подошел прямо к нему на спортивную площадку и начал пророчествовать. Он сказал ему, что видел, что он наркоман, и что его сын вернется в его жизнь. Он держался за это пророчество, пока оно, наконец, не сбылось. В 2016 году в его дверь постучали, и перед ним стоял сын, которого он не знал 21 год. Последовало невероятное воссоединение его семьи, в результате которого его сын стал жить в своем доме. В 2017 году он посетил Церковь «Синагога», чтобы подтвердить исполнение пророчества и засвидетельствовать, как оно изменило его жизнь.

После главного служения на открытом воздухе были еще две важные встречи. Первой была пасторская конференция в «Боумен Холл», Блэктаун, которая была переполнена; многие хотели услышать его. Конференция началась с некоторых свидетельств с евангелизации, в том числе об одной женщине, которая встала из инвалидной коляски и теперь предстала пред всеми красиво одетая, в туфлях на высоких каблуках. Она с радостью засвидетельствовала о своем исцеление от остеопороза и ревматоидного артрита.

Т. Б. Джошуа проповедовал проповедь под названием «Этот Род» (взято из Марка 9:29), в которой объяснялось, что существуют разные уровни веры и, следовательно, разные уровни исполнения обещания и о том, что «все возможно верующему» (Марка 9:23). Он подчеркнул, что то, что ограничивает нашу способность верить, находится внутри нас, а не снаружи; следовательно, нам нужно изменить нашу веру. Как? Следуя инструкциям в книге Иисуса Навина 1:8, хранить Слово Божье в устах, размышлять над ним днем и ночью, а затем исполнять то, что в нем говорится.

После проповеди и молитвы об освящении он начал пророчествовать. Первое пророчество было для женщины с «духом змеи». Сразу же вперед выступила молодая белая женщина и дрожащим голосом объяснила с характерным австралийским акцентом, что она влилась в ряды культа в подростковом возрасте, где они ели сырых мертвых змей, с той целью, чтобы дух змеи мог проникнуть внутрь них. Затем последовала молитва освобождения и радостное свидетельство о полученной свободе.

Вторая встреча была для бизнесменов. Проповедь Т. Б. Джошуа не содержала ничего особенного, лишь во многих смыслах явилась пророческим предупреждением для западного мира в целом. Он напомнил всем, что смерть приближается, и никто из них не знает когда она придет именно к ним, поэтому они должны быть готовы. Они должны уделять Богу максимум своего времени, а не спешить, ограничивая Бога во времени.

На протяжении всего пребывания там были случаи, когда служители Божьи просто находились рядом с ним или с предметами, с которыми ему недавно приходилось касаться, что вызывало некоторые удивительные реакции у людей. После крусейда Т. Б. Джошуа в сопровождении команды отправился в ресторан в Сиднее. После того, как он недолго обедал и покинул ресторан, некоторые из оставшихся членов команды стали свидетелями необычной сцены. Официантка, пришедшая убрать со стола, взяла тарелку, из которой он ел; мгновенно она уронила его, начала трястись и вела себя необычно, очевидно, что это было проявлением нечистого духа. Придя в себя, она спросила: «Кто этот человек?»

Национальная Кампания Исцеления, Сингапур

Из-за местных правил, отражающих религиозное разнообразие Сингапура, название «крусейд» должно было быть более «нейтральным», поэтому местные организаторы выбрали название «Национальная Кампания исцеления». Это была масштабная кампания, в которой было проведено не менее семи служений в период с 26 ноября по

Рекламный Постер Национальной Компании Исцеления в Метро в Сингапуре

3 декабря 2006 года. Она включала в себя два открытых вечерних служения в пригласивших нас церквях, два вечера «крусейда» на национальном крытом стадионе, собрание для пасторов и лидеров, ужин для бизнесмена, обед на «рыночной площади» и собрание для молодежи. После этого состоялся памятный визит Т. Б. Джошуа в тюрьму, где он одетый в тюремную одежду, делился с заключенными евангелием и молился за них.

Во второй вечер служения на крытом стадионе Т. Б. Джошуа не пришел на служение, в то время, когда пасторы-организаторы ждали его. Они выглядели обеспокоенными и начали заполнять время тем, что выводили на сцену местных пасторов, чтобы они рассказывали о своей работе. Мы много раз смотрели друг на друга и на часы и задавали вопросы, что происходит. Связано ли это опоздание каким-либо образом с хорошо известной культурной особенностью «африканского времени»? Но с другой стороны этой разворачивающейся драмы, Пророк Т. Б. Джошуа собирался покинуть свое жилье «вовремя», положив руку на дверь, чтобы уйти, когда Святой Дух проговорил к его сердцу, чтобы он ждал.

Время Поклонения Во Время Национальной Молитвенной Кампании с Т. Б. Джошуа

Когда же он, наконец, прибыл на служение, он высвободил короткое и мощное евангельское послание, объясняя, что единственное постоянное решение наших проблем — это прощение грехов через веру во Христа. Затем он отказался от проведения обычной программы и сразу перешел к общей молитве, сначала за освобождение от злых духов, а затем за исцеление. Мы писали об этом моменте, когда увидели евангелие в действии в начале этой книги. Когда весь стадион в унисон повторял имя Иисуса, власть и сила Бога внушала благоговение. Такого мы раньше не видели, даже на богослужении в Церкви «Синагога» в Лагосе. Как упоминалось ранее, мы даже увидели, как помазание Божье принесло исцеление и освобождение многим, когда уже спустя годы мы показывали видео этой общей молитвы на больших собраниях в Пакистане и других местах.

Общая Молитва в Сингапуре

Что было бы, если бы Т. Б. Джошуа не прислушался к указанию Святого Духа и прибыл «вовремя»? Кто знает? Но одно можно сказать наверняка: если бы у него не было понимания «свободы духа» и ощущения «мира в сердца», которые исходят от послушания одному Богу, мы не могли бы стать свидетелями этих событий, и массы людей не смогли бы получить свое освобождение и исцеление установленным Богом способом и в назначенное Богом время.

Это было не единственное «испытание веры», которое было во время сингапурской кампании. Также было несколько случаев, когда тем, кто искал исцеления от серьезных проблем, приходилось ждать и проявлять свою готовность приходить на служение более одного раза подряд. Однажды после «Обеда для бизнесменов», когда люди не ожидали, что будет молитвенная очередь, Т. Б. Джошуа объяснил этот принцип наглядно. Он закончил проповедь «Цель благословения» и начал молиться за тех, кто ищет исцеления. Вот, что мы записали из того, что он сказал:

> «Многим из нас нужно не возложение рук, а указание, что делать. Повинуйтесь слову, и ваша ситуация будет разрешена.
>
> Если исцеление для вас не в данный момент, я не буду о вас молиться. Я не просто практикую молитву. Ваше исцеление может быть завтра, и может быть это будет кто-то другой, кто помолится за вас. Я был послан далеко не каждому из вас сегодня».

Ссылаясь на женщину, которая находилась там в инвалидном кресле, он сказал:

> «Вчера, я провел с ней некоторое время, и она не смогла пойти. Святой Дух сказал мне: «Пригласи ее прийти завтра»».

Затем мы наблюдали, как Т. Б. Джошуа помолился за нее, и она мгновенно встала с инвалидной коляски и пошла. Далее он сказал:

> «Я пригласил троих, но здесь я вижу только этого. Один человек должен был получать свое чудо сейчас, но его здесь нет. Когда Елисей сказал: «окунись в Иордан семь раз», он не сказал один раз. Когда Иисус сказал: «Иди и умойся в купальне», это было не потому, что у Него не было силы; это было испытание веры человека. Какая бы ни была у вас

проблема, вам следует ожидать испытаний веры».

То, что происходило на тот момент так же было обыденным для стольких «импровизированных проповедей», которые мы слышали от него за годы служения с ним — еще один пример «практического христианства».

Индонезия

Т. Б. Джошуа в Джакарте, 2007 г.

Евангелизация в Индонезии с Пророком Т. Б. Джошуа состоялась в Джакарте и Сурабае в конце сентября 2007 года..

Было очевидно, что было много споров и разногласий по поводу приезда Т. Б. Джошуа в Индонезию. В первый вечер в Джакарте на крытом стадионе он адресовал свое обращение непосредственно к противоречиям и проповедовал о Никодиме из Иоанна 3:1–12:

> «Многие люди начинают испытывать ненависть или любовь к конкретному человеку из-за того, что они видят, слышат или читают о нем. Никодим никогда так не поступал. Он был не из тех, на кого не оказывает влияние то, что говорят люди. Будучи принципиальным человеком, он сам решил прийти к Иисусу, чтобы убедиться. Он не сидел где-то, слушая это или то, и не делал поспешных выводов».

Позже, во время того первого служения, произошло одно особенно драматичное освобождение: Т. Б. Джошуа передвигался вдоль молитвенной очереди, чтобы молиться за сотни людей. Один мужчина, внешне казавшийся вполне нормальным, мгновенно упал на спину и начал трястись, когда Т. Б. Джошуа прикоснулся к нему. Затем он, казалось, впал в какую-то форму транса, и из его уст вышли слова, не на его собственном языке, а на английском: «Я Вельзевул, слуга Люцифера». Однажды он даже указал пальцем на человека Божьего, сказав: «Я знаю тебя. Я зол на тебя». После хвастливых слов, произнесенных демоном внутри этого человека, желающего сразиться с Божьим слугой, Т. Б. Джошуа попросил маленького мальчика, стоявшего поблизости, помолиться за человека, который упал на спину, демонстрируя, что сила принадлежит не ему, а Иисусу. Этот человек вернулся со всей семьей на последующее собрание для лидеров и публично поделился своим свидетельством на своем родном языке, поблагодарив Иисуса за Его любовь, не забывающую его и освободившую его.

После евангелизации Т. Б. Джошуа посетил «Дом любви» — благотворительный дом, созданный для заботы о бездомных и отвергнутых людях в Сурабае. Здесь он поделился любовью Христа и пожертвовал 10 000 долларов США учредителям благотворительной организации в поддержку их работы.

Пожар на Пульте Управления

После крусейда в Индонезии, дома в Церкви «Синагога», однажды ночью раздалось потрескивание пламени огня. Евангелистам, спящим после напряженного дня служения, позвонили: «Проснитесь, пульт управления со всем оборудованием, столь важным для «Emmanuel TV», горит! Мы надеемся, что пожар не распространится на крышу церкви. Бегите быстро, каждый момент жизненно важен». Посетителей, живущих в церкви, перевели в безопасное место, и напряжение нарастало.

Один евангелист много лет спустя в воскресной проповеди рассказывал, как он с обеспокоенным сердцем, начал помогать носить ведра с водой только для того, чтобы краям глаза уловить, как кто-то позади него при всем этом оставался невозмутимым. Обиженный, столь беспечным отношением он обернулся и обнаружил, что смотрит прямо в спокойные глаза Т. Б. Джошуа, который спросил его: «Как вы?»

Т. Б. Джошуа оставался непоколебим перед лицом превратностей жизни. Он привел пример того, что «мир, превосходящий понимание», о котором говорится в Библии, связан не с отсутствием неприятностей, а, скорее, с уверенностью в том, что Бог проведет нас через них.

Действительно, к концу ночи, крыша церкви не пострадала, никто не пострадал. И хотя телеканалу «Emmanuel TV» пришлось оставаться без эфира в течение трех месяцев, в конечном итоге оборудование было заменено и построен новый усовершенствованный пульт управления.

Вскоре после инцидента Т. Б. Джошуа размышлял:

«Когда недавно произошел пожар в Церкви «Синагога», я как человек стойкой веры знал, что сатана всего лишь пытался спровоцировать меня на бунт против моего Небесного Отца. Знал ли он, что Бог использует страдания святых, чтобы поспособствовать их плодотворности». (Бытие 41:52; Иеремия 17:7–8)

Международные Мероприятия Продолжаются

После перерыва в несколько лет, в которые мы наблюдали еще большее развитие и рост воскресных собраний Церкви «Синагога», в которых теперь уже укоренился очень стойкий международный «привкус» и продолжился рост «Emmanuel TV», наконец вновь пришло время! Шел 2014 год, и Т. Б. Джошуа услышал «да» от Бога, чтобы снова отправиться в путешествие. Теперь стали возникать технические вопросы. После всей подготовки и опыта в записи и трансляции воскресных богослужений в прямом эфире, сможет ли команда (при соответствующей технической поддержке на местах) вести прямую трансляцией с международных евангелизации по всему миру, особенно предстоящих мероприятий на стадионах под открытым небом?

Это было в начале 2014 года; прибыв в Церковь «Синагога» поздно вечером, доставив некоторою видеоаппаратуру, мы были у себя, как вдруг в дверь постучали. Протирая глаза, мы увидели улыбающегося евангелиста: «Баба, Мама, добро пожаловать (к пожилым родителям всегда обращались Баба и Мама в африканской культуре) Т. Б. Джошуа хочет, чтобы вы познакомились с пасторами, которые собираются отправиться в путь».

Быстро подготовившись, мы поприветствовали двух пасторов из Колумбии, даже не осознавая, что через несколько месяцев длинный перерыв между мероприятием в Индонезии в 2007 году подходит к концу, и приближается новое грандиозное мероприятие в городе Кали в Колумбии.

Затем, через несколько дней, раздался еще один звонок. «Мама, Баба, поднимитесь наверх». Мы сели, и нам сказали: «Послушайте, есть предварительная дата, когда человек Божий приедет в Южную Корею на пасторскую конференцию». Евангелист держал календарь, и мы увидели взятую в кружок дату и ахнули. Оставалась всего одна неделя.

Пути Божьи неисповедимы. Мы думали, что приехали в Лагос по нашему собственному желанию, чтобы обеспечить безопасную доставку камер и видеоаппаратуры, но у Бога были другие планы. Той ночью мы в составе подготовительной группы вылетели в Корею.

После двух ночных перелетов команда прибыла в Корею и сразу приступила к работе — до начала пасторской конференции оставалось всего шесть дней! Развернув наши традиционные корейские коврики для сна в гостевой зоне принимающей нас церкви, мы поблагодарили Бога за возможность стать частью этого предприятия веры. Пока другие члены команды искали потенциальные места молитвы для Т. Б. Джошуа (молитвенные горы), наша часть команды работала с организаторами, чтобы найти место, где они могли бы остановиться. Будучи не до конца уверенными в некоторых предлагаемых вариантах и зная, что вся команда должна быть вместе, мы сообщили о проблеме Т. Б. Джошуа. Затем пришло указание, что команде нужно будет полностью сосредоточиться на работе, включая подготовку к прямой трансляции на «Emmanuel TV», поэтому мы должны были подыскать подходящие номера в отеле. Служение все оплатит; нельзя было допустить что бы данная ситуация обременяла наших хозяев мероприятия.

Такой однозначный ответ задал тон финансированию всех евангелизационных мероприятий на следующие пять лет. Служение будет оплачивать большую часть расходов, связанных с мероприятием на стадионе, а также все расходы команды на проезд и проживание в гостиницах. Самое главное, что служение не собирало пожертвований. Организаторы собирали пожертвования на свою часть расходов (до того, как команда Церкви «Синагога» выходила на сцену), но Т. Б. Джошуа не желал иметь абсолютно никакого отношения к деньгам тех людей, которые приходили за исцелением.

«Зеркало», Издание на Корейском

Кроме того, с тех пор на мероприятиях на стадионах больше не продавались книги или DVD диски; все они раздавались бесплатно. Публикация и печать на разных языках учебного пособия Т.В. Джошуа «Зеркало» о библейских героях веры стало неотъемлемой частью подготовки к евангелизационным служениям. То же самое можно было сказать и о его буклете о принятии и удержании исцеления от Бога — «Шаг Между Вами и Исцелением».

Т. Б. Джошуа очень редко писал книги. Он сам был живым письмом, как в 2 Коринфянам 3:2:

«Вы — наше письмо, написанное в сердцах наших, узнаваемое и читаемое всеми человеками».

Единственными другими книгами, опубликованными Церковью «Синагога», были «Ежедневное время с Богом», сборник цитат, и «Что готовит будущее (в двух частях)», которые представляют собой журналы, в которых опубликованы некоторые международные пророчества, сказанные Пророком Т. Б. Джошуа в течение нескольких лет.

ПРЯМАЯ ТРАНСЛЯЦИЯ НА «EMMANUEL TV»

Одна из практических причин, по которым подготовку к пасторской конференции в Корее 2014 году удалось завершить в столь короткие сроки, заключалась в том, что она проводилась в хорошо оборудованном церковном здании, в котором уже была установлена и отлажена большая часть технической инфраструктуры. Например, церковь уже имела опыт прямых трансляций в Интернете, и поэтому все для этого уже была подготовлено технически.

Гэри продолжает рассказ,

Незадолго до начала мероприятия пришло сообщение от Т. Б. Джошуа, что конференция должна транслироваться в прямом эфире по «Emmanuel TV». В ходе предварительного тестирования центр вещания «Emmanuel TV» (в то время располагавшийся в Южной Африке) просто подключался к церковному интернет-потоку, и все работало нормально. Однако вскоре после начала конференции произошел сбой в сети. Мы обнаружили, что существующие механизмы работы имели ограниченную емкость, которая не могла справиться с дополнительным числом зрителей, пытающимися подключиться к церковному интернет-потоку локально для просмотра конференции.

Нам нужно было найти немедленное решение. Передача прямого вещания была предоставлена сторонней компанией, которая на тот момент не отвечала на наши запросы. Мне удалось подключить свой ноутбук к общему Интернету и настроить новый поток для подключения к центру передачи «Emmanuel TV», но кабели и преобразователи, необходимые для передачи видео в реальном времени на ноутбук, были недоступны. Затем я вспомнил, что могу подключить домашнюю видеокамеру к ноутбуку, поэтому мы закрепили ее не штатив с помощью изоленты и направили на «программный монитор» в медийной диспетчерской.

Успешное Решение Проблемы в Реальном Времени по Методу «Хита Робинсона»

Техническая команда «Emmanuel TV», находившаяся в Южной Африке ожидала, затаив дыхание! Пройдет ли проверку на прочность данное доморощенное решение? Все получилось.

Наконец, команда могла сообщить, что первое за последние семь лет международное служение за пределами Нигерии с Т. Б. Джошуа теперь в живую транслировалось как по африканским спутниковым каналам, так и в Интернете. И пусть качество видео на тот момент оставляло желать лучшего, настоящая цели всего мероприятия — помазанная молитва и учение — достигли международной аудитории.

Для будущих мероприятий это должно было стать неотъемлемой частью планирования технической поддержки и качественная прямая трансляция в высоком разрешении стала нормой.

Коварность Денег

Пасторская Конференция с Т. Б. Джошуа в Южной Корее.

Хотя вход на все международные мероприятия был бесплатным, как и на «Пасторской Конференции» в Южной Корее, но команда обнаружила, что «партнерским донорам», которые поддерживали организаторов на определенном уровне, было предложено место в секции ближе к сцене, где как ожидалось Пророк Т. Б. Джошуа будет молиться за людей. Но Святой Дух делает то, что хочет, и в правильное время. Служение общей молитвы началось с людей, сидящих на балконе!

На той пасторской конференции Т. Б. Джошуа открыто и откровенно говорил о деньгах и объяснил, почему он на какое-то время перестал путешествовать за пределы страны (как вы возможно догадались это произошло не из-за отсутствия приглашений):

«Деньги препятствуют исцелению, освобождению, пророчествам и всем Божьим благословениям. Невозможно исцелять людей и собирать деньги. Когда приходит время исцелять, то приходит время отдать то, что дал нам Бог.

Когда пришло время пробуждения или крусейда, то наступает пора услышать волю Бога. Если есть воля Бога для пробуждения, то деньги, которые нужно заплатить и ресурсы, которые необходимо потратить будут восполнены. Господь предоставит их в большом количестве — не через больных или приходящих со своими нуждами людей, но Бог обеспечит это все чудесным образом. Я попросил Бога, чтобы прежде, чем я начну двигаться к пробуждению, я хочу, чтобы Он поднял мою планку в отношении финансов».[16]

Затем он расширил эту мысль во время проповеди в церкви в Лагосе в 2017 году:

«Все эти крусейды, которые я проводил по всему миру, например, в Сингапуре, Индонезии, Мексике, Перу и т. д. — я оплачивал большую часть денег сам. Мы не управляем Святым Духом! Когда я нахожусь там, я хочу быть свободным. Я хочу спать в то время, когда Дух хочет, чтобы я спал. Я хочу молиться за тех, за кого Святой Дух хочет, чтобы я молился.

Если вы заплатите за стадион, вы соберёте деньги у крупных бизнесменов, которые тоже болеют, и они будут теми, кого вы усадите передо мной, говоря мне: «Помолитесь за этого, Человек Божий, он тот, кто заплатил семьдесят процентов денег». Бог не может поддержать такой распорядок. Вы говорите мне прийти в 8 часов утра, когда Дух Божий сказал, что я могу прийти в 10 часов. Итак, поэтому я сам плачу за стадион.

Моя радость — видеть исцеленных людей; моя радость — видеть избавление людей; моя радость — видеть людей благословленными. Это мои деньги. Каждый человек, который получает освобождение, стоит гораздо больше 20 000 долларов! Вот деньги, которые Бог дает мне — радость спать спокойно».[17]

На протяжении многих лет мы ясно видели этот принцип в действии и ощутили его преимущества, которые намного перевешивают любые недостатки.

---

16 Пасторская Конференция с Т. Б. Джошуа, Церковь Шингил, Сеул, 2–3 апреля 2014 г.

17 *Секрет Моих «Денег»!* пост служения Т. Б. Джошуа в Facebook, 3 мая 2017 г.

Кали, Колумбия

И вот мы подошли к июлю 2014 года, и «*Cruzada de Milagros con T.B. Joshua*» («Крусейд Чудес с Т. Б. Джошуа» исп.) в Кали, Колумбия. Мы провели два месяца в Колумбии в преддверии этого события, которое должно было стать новым этапом роста для всех нас. Предстояло увидеть «Олимпийский Футбольный Стадион» в городе, заполненный более чем на 40 000 человек не протяжении двух ночей.

Крусейд Чудес с Т. Б. Джошуа на Олимпийском Стадионе в Кали, Колумбия

Почти 20 лет назад молящиеся христиане заполнили этот же стадион после мученической смерти известного в городе пастора, что привело к пробуждению и возрождению веры. Но, как объяснили местные пасторы, с тех пор огни пробуждения со временем угасли, и этого нового события ждали с нетерпением. Верующие планировали пригласить людей, не посещающих никакие церкви, тех кому нужно было услышать проповедь Евангелия в силе.

Во время проповеди, на второй вечер евангелизации Пророк Т. Б. Джошуа особо обратил внимание на состояние церкви:

> «Библейски неверно говорить, проповедовать и учить о Слове и Духе по отдельности. Мы не можем так продолжать, потому что через это мы лишаем Иисуса Христа привлекательности.
>
> Будущее церкви зависит от того, как мы будем учиться друг у друга. Вы нужны мне, а я нужен вам. Мне нужно ваше богословие, вам нужна моя сила. Мне нужна ваша сила, вам нужно мое богословие.
>
> Поскольку нет единства между Словом и Духом, одна церковь известна проповедью и обучением Слову Божьему,

в то время как другая церковь известна знамениями и чудесами. Так быть не должно.

Я молюсь каждый день, чтобы настало время, когда мы больше не будем ссориться, завидовать и ревновать друг ко другу».[18]

Мы увидели, что многие церкви объединились в поддержке евангелизацинного служения. Президент «Евангельской Конфедерации Колумбии», представляющей большинство евангельских церквей Колумбии, присутствовал на собраниях и очень положительно отзывался о Слове Божьем и чудесах, сливающихся воедино в служении Пророка Т. Б. Джошуа.

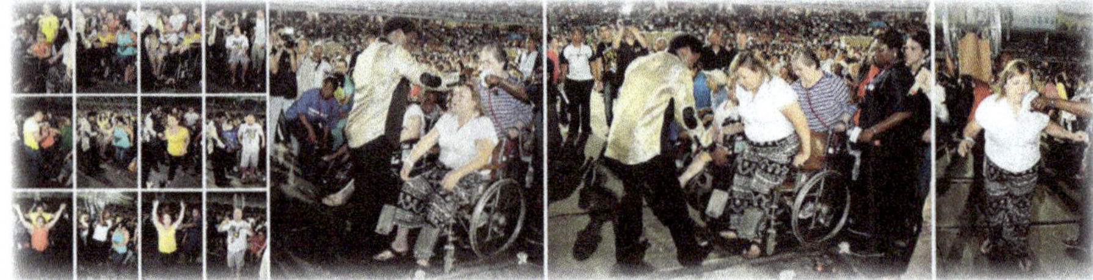

Исцеление в Молитвенной Очереди в Кали, Колумбия

Было множество исцелений, сотни освобождений, и имя Иисуса было превознесено. Ныне покойный евангелист К.С. Апдегрув, который служил вместе со многими выдающимися исцеляющими евангелистами США в 1950-х годах, принял участие в крусейде в возрасте около 80 лет. Он выразил свое восхищение тем, что снова увидел, как Бог могущественно действует в исцелении и чудесах.

Общая Молитва в Кали, Колумбия

Одно из многих замечательных исцелений того служения произошло после общей молитвы, когда толпа пела: «Есть Сила в

Имени Иисуса». И когда сила Божья пронеслась по стадиону, ноги одной молодой женщины, искривленные с рождения, чудесным образом выпрямились. Когда с нее сняли брекеты, она начала прыгать и бегать, ее лицо разительно засияло, выражая то, что невозможно было выразить словами.

Т. Б. Джошуа на Благотворительном Мероприятии в Кали, Колумбия

Среди дополнительных мероприятий в Кали, городе, который известен своими вспышками насилия, было большое благотворительное событие. Несколько сотен семей были приглашены с предоставленным транспортом что бы получить горячее питание, развлечения, профессиональную помощь в медосмотре детей и получения большого продовольственного пайка.

«Столичное Отделение Полиции» Кали также провело мероприятие, на котором представила Т. Б. Джошуа к почетной награде и подарило ему его собственную полицейскую кепку. Он сделал щедрый подарок в размере 100 000 долларов США социальному фонду помощи сиротам, вдовам и получившим травмы при исполнении служебных обязанностей и поделился посланием о своей признательности за работу полиции: «Вы предотвращаете преступность в обществе в естественном мире. Мы предотвращаем преступность в духовном. Мы с вами совершаем одну работу. Я отдаю вам честь!».

Встреча Полицейских с Т. Б. Джошуа в Кали, Колумбия

Крусейд В Мексике

Крусейд чудес с Пророком Т. Б. Джошуа в Мехико в июле 2015 года сам по себе был феноменом. Как получилось, что самый большой футбольный стадион в Латинской Америке впервые в своей истории был заполнен для проведения бесплатного христианского мероприятия? Тяжелая работа местных организаторов, путешествия вдоль и поперек Мексики, видение и поддержка различных церквей сыграли значительную роль, равно как и производство и распространение тысяч бесплатных DVD-дисков. Однако, в конце концов, это была суверенная работа Бога.

Крусейд Чудес с Пророком Т. Б. Джошуа в Мексике в 2015 г.

Перед началом мероприятия команда, включая съемочную группу, села на самые верхние сиденья, чтобы провести совещание планированию служений; мы не могли не ощущать «покалывание» чувства беспокойства. Оно было настолько высоким... что может случиться во время массовой молитвы? Как люди отреагируют на силу Божью? «Бог с нами», — ободряли мы себя, — «Он защитит», так и произошло.

Знаменитый на весь мир стадион «Ацтек» на 100 000 мест был по большей части заполнен во второй вечер евангелизации. В первый вечер был сильный дождь, но Т. Б. Джошуа продолжал молиться часами, и произошли чудеса. Фиона и другие партнеры «Эммануил ТВ» вышли к воротам, раздавая бесплатные DVD-диски с крусейда в Колумбии, когда, в конце концов, дождь стих,

и толпы начали расходиться. Второй вечер прошел без ливня и была незабываемой. Работа Бога усиливалась, и количество свидетельств было почти что бесчисленным.

Пришедших так же ждал сюрприз в виде музыкальных

Молитва под Дождем в Первый Вечер

выступлений госпел исполнителей из США — СиСи Винанс, Элвина Слотера и Вашона Митчелла.

Способность к физическому труду была обязательным требованием, так как евангелисты и команда помощников должны были переносить оборудование и ресурсы со стадиона для безопасного хранения в отеле по окончании крусейда. Мы все помним, как бегали и направляли грузовики в нужное место, чтобы осуществить погрузку. В конце концов, команда вернулась в свои комнаты только после 4 часов утра, зная, что *«Радость Господа — наша сила».* (Неемия 8:10)

Общая Молитва в Мексике

Крусейд и последовавшая за ним большая пасторская конференция оказали огромное влияние. Команда из Церкви «Синагога» осталась на несколько недель, чтобы записать последующие свидетельства и отредактировать массу видеозаписей. Мы лично даже переехали жить в Мексику более чем на год, чтобы оказать помощь и поддержку, особенно в благотворительной деятельности. Т. Б. Джошуа помог создать местную «Гражданскую Ассоциацию», чтобы поддержать эту работу.

Сам Т. Б. Джошуа мог бы провести больше времени в Мексике, но, как он объяснил в проповеди к церкви в Лагосе в 2017 году, его призвание от Бога заключалось в том, чтобы вернуться в Африку.

Я буду проводить служения пробуждения, и на пробуждениях вы всегда будете видеть стадионы заполненным. Народ страны, служителя — они все собираются вместе. Но меня это не увлекает. После крусейда — назад в Африку, где меня преследуют, где хотят, меня убить и уничтожить. Я живу там, где меня не прославляют. Я покинул место, где меня чествуют, да — домой.

Когда вы находитесь в эпицентре битвы, вы закаляете себя боем; это хорошо. Там, где вас не прославляют, там, где вас преследуют — это лучшее место для вас. Это укрепит вас. Золото не может быть золотом если не пройдет через раскаленную печь. Человеческий характер тоже должен пройти через топку.[19]

Крусейд с Т. Б. Джошуа В Перу

После динамичного второго крусейда в Южной Корее, который проходил под куполом «Гочек» в Сеуле 22 и 23 июля 2016 года, Т. Б. Джошуа вернулся в Латинскую Америку для еще одного крусейда чудес. Он должен был пройти на крупнейшем футбольном стадионе Южной Америки — «Монументал Стэдиум» в Лиме, Перу, в сентябре 2016 года.

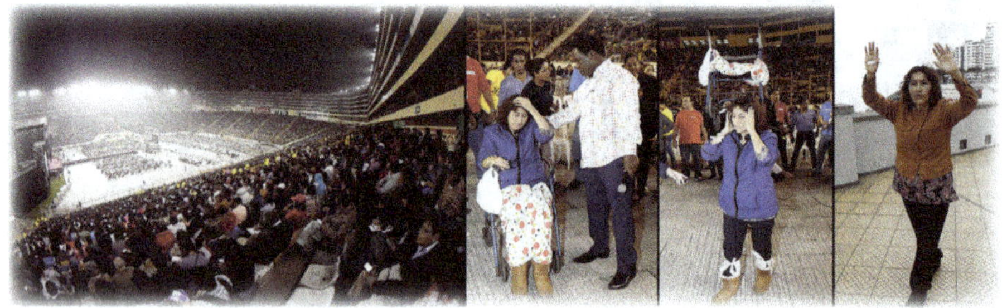

Крусейд в «Монументал Стадион» в Лима, Перу

Больше всего нам запомнилось практически полное отсутствие времени на подготовку. Была административная задержка с визами для команды «Emmanuel TV», приехавшей из Лагоса. С точки зрения логистического планирования, все решения о подтверждении проведения евангелизации были отложены до самого последнего возможного момента. Но затем эти «окончательные» сроки прошли без окончательного решения с выдачей виз, и только Бог мог позволить этому мероприятию состояться. Евангелизация была подтверждена всего за две недели до запланированной даты, а вся команда по планированию и организации из Церкви «Синагога» прибыла всего за одиннадцать дней до начала первой ночи служений. С естественной точки зрения, просто не было достаточно времени, чтобы собрать необходимые

---

19   *Не Разрушайте Отношения Без Возможности Восстановления*, проповедь Т. Б. Джошуа, Церковь «Синагога», воскресное служение, 30 апреля 2017 г.

«кусочки мозаики» воедино, но Бог сказал Своему слуге — «Иди», и это все, что имело значение.

Это убедительно напомнило нам, что «невозможная» работа приносит реальную пользу. Мы должны делать все, что в наших силах, но, в конце концов, это должен быть Бог, и тогда только Ему будет принадлежать вся слава.

Сама евангелизация не проявила никаких признаков этой напряженности, которая была во время подготовки; Бог все контролировал. От юридических разрешений, полученных в рекордно короткие сроки, до 300 багетов с ветчиной и сыром, которые наша команда партнеров «Emmanuel TV» должна была приготовить практически без предварительного уведомления для полицейских патрулей, обеспечивавших безопасность, до чудес исцеления и освобождения — для всего этого нам нужен был Бог.

Очень запомнился момент, когда Пророк Т. Б. Джошуа перестал молиться за людей и сел, потому что возникла вероятность, того, что толпа прорвется вперед. Он сказал, что не двинется с места, пока люди не вернутся на свои места, что они и сделали.

Т. Б. Джошуа Ожидает, Когда Толпа Успокоится

Евангелизации в Парагвае и Доминиканской Республике

Парагвай — небольшая южноамериканская страна, и на ее национальном стадионе проходил крусейд с Т. Б. Джошуа в августе 2017 года. Парламент Парагвая удостоил его высшей награды страны, признав его евангельскую и гуманитарную деятельность. Были также замечательные свидетельства с крусейда, в том числе значительные освобождения одного человека, который даже не имел возможности присутствовать на служении, но чья сестра сфотографировала его для молитвы.

Одной из проблем для нашей команды было отсутствие во всем Парагвае подходящего поставщика временного защитного покрытия, необходимого для покрытия футбольного поля для таких мероприятий. В конце концов, напольное покрытие было доставлено из соседней страны, но прибыло с опозданием из-за проблем с таможней и логистикой.

Укладка Временного Покрытия на Поля во Время Крусейда в Парагвае

Вся команда Церкви «Синагога» — евангелисты, операторы, протоколисты и т. д., а также партнеры «Emmanuel TV», которые предложили свою помощь — лично разместили, а затем и удалили тысячи кусков покрытия на поле. На поле стадиона люди ползали на коленях, приклеивая пол клейкой лентой, что выглядело сюрреалистично.

В период между первым и вторым днями служений всей технической установке угрожали сильные дожди, а знамя на сцене разорвалось под сильным порывом ветра. Т. Б. Джошуа объявил всему стадиону: «Дождь — слуга Божий и мы тоже слуги Бога; дождь не может нам помешать». Он объяснил, как в молитве он «договорился с дождем», прося, чтобы он утих на время мероприятия, чтобы техническое оборудование осталось в целостности, а на второй день мог бы продолжить.

Дождь действительно прекратился до окончания общей молитвы, но затем хлынул ливнем, и стало очень холодно. Наблюдая за людьми, которые прибыли в комнаты для интервью со свидетельствами, дрожа от холода в тонких хлопковых футболках, мы одарили их теплыми объятиями, а также накормили их и предоставили им укрытие от стихии.

Крусейд в Доминиканской Республике с Т. Б. Джошуа в 2017 г.

Всего три коротких месяца спустя, в ноябре 2017 года, на «Олимпийском Стадионе» столицы Санто-Доминго состоялся крусейд в Доминиканской Республики.

Какое же это было прекрасное событие! Какое единство среди церквей. В составе технической группы мы приехали рано и смогли увидеть все это в действии. Практикующий хор казался звучал небесными голосами, и повсюду царило ожидание. В местных верующих был очевиден теплый командный дух с переплетением разных культур, цвета кожи и происхождения. Если и был повод для беспокойства, так это то, поместятся ли все желающие приехать на стадион вместимостью 40 000 человек. Действительно, многим приходилось слушать, оставаясь на парковке снаружи.

Т. Б. Джошуа снова был удостоен высокой национальной награды, и президент страны лично принял его у себя.

Это было яркое событие: танцоры прославляли Иисуса, теплый карибский ветер ласкал наши лица, а с заходом солнца и уходом дневного зноя начались главные события того дня.

Т. Б. Джошуа с Президентом Доминиканской Республики Мединой

На первом вечернем служении Т. Б. Джошуа проповедовал фундаментальную, но прямолинейную проповедь о сути христианства: «Ищите прежде Царства». Текст из Послания к Римлянам 5:1–8 напомнил христианам об их оправдании через веру, основанную на жертвенной смерти Иисуса на кресте. Человек Божий также призвал аудиторию накапливать только духовные сокровища и быть преданными благу и благополучию других.

Были публичные свидетельства с предыдущих служений, молитва и освобождение, и благословение, а в конце — общая молитва. Общая молитва на стадионе с Т. Б. Джошуа был сильным переживанием, смягченным страхом Божьим. Это не эмоциональное время. Это время, когда, будучи помощником, ты искренне не знаешь, что произойдет дальше. У кого будут проявления? Кого вырвет, кто бросит костыли или ходунки, или встанет со своих инвалидных колясок? Как и на любом служении, помощники и команда готовы к действию, обутые в практичную обувь и облаченные в отличительные футболки.

«Видео-камера, скорее сюда!» Что происходит? Из головы молодой женщины сочится кровь. Не потому, что она упала; это сверхъестественное проявление. Она страдала от странной грибковой инфекции на коже черепа, которая была одновременно болезненной и выглядела омерзительно. Она даже не получила физическое прикосновение во время евангелизации в Доминиканской Республики с Пророком Т. Б. Джошуа, но Сам Святой Дух прикоснулся к ней во время общей молитвы таким незабываемым образом. Инфекция исчезла после того, как ее голова начала кровоточить во время молитвы, о чем она позже свидетельствовала вместе со своей тетей.

Объединенное Королевство и Израиль

В 2018 году в Великобритании, Франции и Аргентине проводились мероприятия которые посетило нескольких тысяч человек каждое. Все они транслировались в прямом эфирах, на которых евангелисты посланные Т. Б. Джошуа возносили молитву с «Помазанной Водой» в имя могущественного Иисуса Христа. За этим последовало множество исцелений и освобождений.

Затем, в 2019 году, Святой Дух направил нас на два международных события в июне. «Британское Побуждение» с «Emmanuel TV» на Шеффилд-Арене, большом закрытом стадионе, со служением трех «пророков в обучении».

Пробуждение «Emmanuel TV» в Шеффилде, Великобритания, 2019 г.

Люди приезжали издалека, чтобы испытать помазание, и многим пришлось возвратиться, так как стадион на 10 000 мест был заполнен до отказа.

Во время этого служения Т. Б. Джошуа оставался в Лагосе на «Молитвенной горе». Первым, за кого помолились, была женщина со сломанной ногой. Без какого-либо физического прикосновения ее нога начала бесконтрольно трястись, когда Святой Дух совершал «духовную операцию». Когда она отбросила костыли и корсетный сапог, чудо стало очевидным для всех. Атмосфера для этого была подготовлена немного раньше, когда приглашенный госпел хор спел мощную песню «Сила Греха Надо Мной Разрушена» (написана Т. Б. Джошуа). Когда они пели, происходили исцеления и была проявлена силы Божьей.

Следом вскоре после «Британского Пробуждения «Эммануэль ТВ»» состоялось памятное мероприятие на открытом воздухе в Назарете, Израиль — стране, где Иисус Христос ходил среди людей, исторической родине патриархов Ветхого Завета. Это библейская земля, куда религиозные паломники со всего мира приезжали для специальных туров, но большие мероприятия под открытым небом с провозглашением могущественного имени Иисуса Христа обычно не проводились.

«Пусть имя Иисуса будет прославлено в Его историческом родном городе Назарете, в Израиле — публичном мероприятии на открытом воздухе на «Вершине горы», чтобы об этом узнал весь город».

Таковым было указание от Бога для Т. Б. Джошуа. «Вершина горы» в Назарете упоминается в Библии по особой причине. Именно там (как сказано в Луки 4) толпа, разгневанная словами Иисуса, попыталась сбросить его с вершины, но Он прошел сквозь них невредимым.

Хотя многие люди посещали «Вершину горы», там находился нуждающийся в ремонте заброшенный амфитеатр. Как отмечал Т. Б. Джошуа, когда он обошел вокруг заброшенного здания во время предыдущего визита, Святой Дух направил его помочь финансово осуществить большую часть ремонта этого святого места, чтобы после этого события город Назарет остался с достойным местом для проведения собраний.

Собрание в Назарете с Т. Б. Джошуа в 2019 г.

До июня 2019 года проводились обширные ремонтные работы, и налаживались хорошие отношения с местными властями. Однако все, что близко к Иисусу, подвергается нападкам, и на родине Иисуса это не было исключением. История некоторых проблем, с которыми пришлось столкнуться перед успешным завершением служения в Назарете, будет описана в следующей главе.

Эпоха чудес не закончилась; Чудотворец Иисус жив! Для тех чья жизнь сосредоточена на Иисусе Христе, лучшее всегда впереди!

ЖИЗНЬ — ПОЛЕ БИТВЫ

Сидя в самолете во время моего первого визита в Нигерию в 2001 году, мне (Гэри) предстояло окунуться в мир сплетен, инсинуаций и лжесвидетельств. Хорошо одетая дама наклонилась вперед ко мне и сказала,

«Простите, но я услышала ваш разговор; не имеете ли вы в виду, что собираетесь в... то место?»

«Простите, мэм, я не понимаю...».

«Если бы мы не были в воздухе, я бы посоветовала вам сойти с этого самолета!»

Ее голос дрожал от волнения и понизился до многозначительного шепота:

«Это место — «Синагога»! Вы ведь знаете, что его сила исходит от колдовства, не так ли? Я советую вам изменить свои планы. Источник его силы находится на «другой стороне»».

Сразу же, как громкий трубный зов, в моей голове возник стих из Библии; разве это не то, что фарисеи говорили об Иисусе? Я достал свою Библию и начал читать.

«Услышав это, фарисеи сказали: «Этот человек изгоняет бесов, не иначе как силою Вельзевула, князя бесовского»». (Матфея 12:24)

Все Близкое к Иисусу Подвергается Атакам

С самого начала мы слышали как положительные, так и отрицательные отзыве о Т. Б. Джошуа и Церкви «Синагога», но приняли решения искать истину от Бога.

«Горе вам, когда все люди будут говорить о вас хорошо! ибо так поступали с лжепророками отцы их». (Луки 6:26)

Все эффективные христианские служения, стремящиеся прославлять Иисуса Христа, проповедовать Евангелие и распространять Божье Царство, сталкиваются с непониманием, нападками и ненавистью. Вид атак отличается в зависимости от обычаев времени, а также общественных норм и представлений о мире у обвинителей. Они меняются на протяжении веков и разнятся от одной культуры к другой.

Тем не менее, Иисус напоминает нам, что противостояние является нормой:

«Если бы вы были от мира, то мир любил бы свое; а как вы не от мира, но Я избрал вас от мира, потому ненавидит вас мир. Помните слово, которое Я сказал вам: раб не больше господина своего. Если Меня гнали, будут гнать и вас». (Иоанна 15:19–20)

Евангелие от Иоанна, глава 7, стих 12 дает представление о противоречиях, вокруг Иисуса Христа, которые продолжаются и по сей день!

«Среди народа распространились слухи о Нем. Некоторые говорили: «Он хороший человек». Другие отвечали «Нет, он вводит народ в заблуждение»». (Современный перевод)

Давайте совершим путешествие в прошлое, когда Иисус, как человек, ходил по этой земле среди людей подобных нам, образованных и необразованных, среди представителей разных религий и не исповедующих никакой религии.

«Вы слышали про этого человека, Иисуса?» — спросил один из фарисеев. Его собеседник сразу ответил: «Да, но, как обычно, это просто эмоциональное возбуждение толпы. Я не верю, что все это правда. Какое чудо? Всегда можно подкупить бедняка, чтобы он сказал, что с ним случилось чудо. Мы знаем, что говорит Священное Писание, что наш возлюбленный Мессия, когда придет...» — его тон понизился, благоговейно... «то он придет из Вифлеема, как наш благородный Пророк Михей предсказал нам. Я же слышал, что этот наш собрат родом из Галилеи, из Назарета, и с каких это пор из Назарета приходит что-нибудь хорошее?»

«Ты прав, мой друг, но люди действительно увлечены им», — был обеспокоенный ответ.

«Не волнуйся, брат мой, Синедрион (еврейский суд) разберется с ним!»

Именно так и случилось. Синедрион действительно разобрался с Иисусом, называемым Христом, и христианство началось с того, что его пригвоздили к кресту, ожидая, пока он умрет.

Но пролитие крови Иисуса Христа имело огромное значение. Как объясняется в Библии:

«*Без пролития крови не бывает прощения*» (Евреям 9:22, Современный Перевод).

И как сказал Т. Б. Джошуа:

> «Кровь Иисуса Христа пролитая на Голгофском кресте — самая великая ценность в истории человечества».

Многие, кто видел Его смерть во плоти на кресте, также стали свидетелями Его воскресения!

Поскольку обвинения были предъявлены самому нашему Спасителю, Иисусу Христу, то так продолжается на протяжении всей истории христианства. Т. Б. Джошуа — один из многих в длинном списке верных христиан, чью личность и имя подвергалось клевете и которые переносили физическое заключение, и ложные обвинения.

Изучая Библию и историю христианства, становится ясно, что люди могут испытывать трудности с пониманием и оценкой того, как и каким образом Всемогущий Бог действует в жизни верующих. Это правда в независимости от того, являются ли они епископами, пасторами, священниками, служителями, пророками, мистиками, монахами и монахинями, или известными гуманистами. Это так же верно и в отношении различных деноминаций.

Верующие христиане, чья благочестивая жизнь и влияние выдержали испытание временем и продолжают оказывать влияние и после окончания их земной жизни, по-видимому, имели несколько общих характеристик, будь то протестанты, католики, православные, харизматы, методисты, баптисты, реформаторы, пятидесятники, адвентисты или другие.

Какие это были характеристики?

- Библия была их «Книгой книг», они жили по Слову;

- Они жили посвященной (отделенной) жизнью;

- Их жизни были доказательством того, что они могли мыслить независимо, ища истину, исходящую только от одного Бога;

- Смирение было ясно видимо в них.

Оставьте это Богу

Т. Б. Джошуа много раз говорил, что Бог действует в жизни людей по-разному. Бог может наставлять «пастора А» одним образом, а «пастора Б» другим. У одного служителя могут быть глубокие отношения с Богом, а у другого — более глубокие. Плотские сравнения «служителей Бога» опасны и, как правило, сильно зависят от нашей культуры и «мировоззрения», то есть от тех «линз», через которые мы воспринимаем, и следовательно, мгновенно выносим окончательное суждение.

Библия ясно говорит, что именно Бог будет судить тех, кто называет себя Его слугами. Как сказал апостол Павел:

«Почему ты осуждаешь слугу другого? Только перед своим хозяином слуга бывает прав или виноват. Слуга же Господень будет прав, ибо Господь имеет власть оправдать его». (Римлянам 14:4 Современный перевод)

Он применил один и тот же принцип как к своей жизни, так и к другим:

«Вот как должны думать о нас: как о слугах Христовых, которым доверены тайные истины Божьи. От тех, кому доверено что-то, требуется быть достойными доверия. Но мне неважно, вы будете судить меня или любой другой суд человеческий, и сам я также не осуждаю себя, ибо моя совесть чиста; но не по этой причине я оправдан. Господь мне судья, а потому не судите ни о чём, пока не настало надлежащее время, пока не придёт Господь. Он озарит светом скрытое во тьме, и сделает явными побуждения сердца. Тогда Бог воздаст каждому хвалу, какой тот заслуживает.». (1 Коринфянам 4:1–5 Современный перевод)

Как сказал Т. Б. Джошуа: «Бог будет судить своих слуг — малых и больших».

Гамалиил высказал свой совет в книге Деяний 5:38,39 во время разногласий по поводу служения Петра и других апостолов в Иерусалиме, который все так же актуален сейчас, как и 2000 лет назад:

«Поэтому теперь говорю вам: отступитесь от этих людей и оставьте их в покое. Ибо, если предприятие это и дело это от людей, то оно провалится. Если же от Бога, то вы не сможете остановить их, и может случиться, что будете бороться против Бога». (Современный перевод)

Демос Шакарян был фермером и основал «Общество Бизнесменов Полного Евангелия». Его история описана в книге «Самые счастливые люди на Земле», в которой рассказывается, как во времена пробуждения и больших палаточных служений в США в конце 1940-х годов он встретился с евангелистом, у которого, как оказалось, была проблема с жадностью. В последний вечер служения этот евангелист, просивший людей дать особо щедрые пожертвования в заключительный вечер, был обнаружен готовящимся к бегству вместе со всеми пожертвованиями.[20]

---

20   Шакарян Д., Шеррилл Дж. Л. И Шеррилл Е. (1975 год). *Самые Счастливые Люди на Земле.* Избранные Книги. стр. 103–105

Демос, желая остановить его, делает паузу, и, как вспышка вдохновения, он вспоминает момент, когда Давид подкрался к Саулу в пещере, но из почтения к Богу решил не причинять Саулу вреда как Божьему помазаннику, а предать его в руки Бога (1 Царств 24:10).

Он слышит голос, который с трудом узнает, как свой собственный, говорящий: «Не трогайте его», обращенный к ашерам, которые хотели остановить евангелиста. Обращаясь к нему, когда тот был занят запихиванием долларовых купюр в большую коричневую сумку, Демос сказал: «Бог не обеспечивает деньгами через подобные методы; я не верю, что Бог благословит такое». Через шесть лет заблудший евангелист появился на его ферме, как он описывает, «изможденный, небритый и в лохмотьях». Он просил денег. Примерно через три года Демос услышал, что он скончался.

Почему эта история важна? Речь идет о месте, которое Бог занимает в нашей жизни. Библия показывает нам, что Бог знает все, что мы делаем явно или тайно.

«Образумьтесь, бессмысленные люди! когда вы будете умны, невежды. Насадивший ухо не услышит ли? и образовавший глаз не увидит ли? Вразумляющий народы неужели не обличит, — Тот, Кто учит человека разумению? Господь знает мысли человеческие, что они суетны». (Псалом 93:8–11)

Оставь это Богу! Действительно, мы должны быть особенно осторожны, чтобы не говорить против работы Святого Духа (Матфея 12:32).

БЫЛИ ЛИ ВЫ ТАМ, КОГДА РАСПИНАЛИ ГОСПОДА?

Когда мы заглядываем в окно истории, становиться легко поверить в то, что мы не были бы похожи на тех, кто не признал Иисуса Христа, оказавшись на их месте, но на самом деле это не так. Иисус уделил время, чтобы напомнить книжникам своего времени, что, хотя они построили гробницы пророкам, чтобы почтить их память, они бы точно так же, как и их предшественники преследовали их, если бы были живы в то время. Этот рассказ находится в Луки 11: 47–48. Они были недовольны, когда им было сказано об этом.

Затем Петр в своей знаменитой проповеди в Деяниях 2:36 дает сильное откровение:

«Итак твердо знай, весь дом Израилев, что Бог соделал Господом и Христом Сего Иисуса, **Которого вы распяли**». (выделено мною)

Что бы мы сделали, если бы были частью толпы в Иерусалиме около 30 года нашей эры? Реальность такова, что мы, вероятно, пошли бы за большинством, которое, приветствовав Иисуса Христа пальмовыми ветвями, восклицали: «Осанна!», лишь что бы через несколько дней потребовать от Пилата: «Распни Его!» Пилат, в этот очередной напряженный день, пытаясь совладать с доверенным ему проблемным регионом, буквально «умыл руки», избрав путь наименьшего сопротивления — пойти на поводу у толпы удовлетворив народ и удержав в узде религиозных лидеров. Даже Петр, один из ближайших учеников Иисуса, отверг Его, когда ситуация стала слишком тяжелой.

Эти действия совершались не из-за убеждения, в том, что Иисус Христос заслуживает смерти, а наоборот, из-за отсутствия достаточно сильного убеждения в том, чтобы противостоять большинству, тогда как личная цена этого противостояния весьма высока в перспективе.

Мы до сих пор помним некоторые строчки из ранее очень известной христианской песни 1970-х годов:

Стал подпевать бы ты, когда они запели
«Распни Его, распни?»
Я знаю, был ты там, ведь я там тоже был
Когда мир вторил: «Распни Его! Распни!»[21]

Христианское Противоречие

Есть яркие и свежие примеры, которые можно найти в жизнях противоречивых Божьих служителей, которые в течение своей жизни испытали на себе в равной мере как любовь тех, кто верил,

---

21 Грэм Кендрик. Авторские права © 1974 Make Way Music

что Бог могущественно их использует, так и ненависть и отвержение от тех, кто думал совершенно иначе. Одним из таких служителей Божьих был Смит Виглсворт (1859–1947 годы жизни) из Англии, известный как «Апостол веры». После его смерти Робертс Лиардон писал о нем в популярной книге «Генералы Божьи». Теперь проповеди Смита Виглсворта известны и широко доступны в христианских книжных магазинах. Сейчас его знают больше и лучше, чем при его жизни. Многие считали его личность странной и неоднозначной, а посещение его собраний часто сопровождалось присвоением разного рода ярлыков и насмешками в обществе.

Различия в доктринальных и практических вопросах присущи верующим и по сей день. Не нужно заблуждаться думая, что это не является неотъемлемой частью истории. Если мы не будем осторожны, мы будем смотреть на героев веры сквозь покров идеализма или судить, об их действиях, как если бы они совершали эти действия в сегодняшней культуре. Сегодняшних героев веры тоже вполне легко и можно игнорировать, неправильно понимать и критиковать их при жизни.

Джон Дж. Лейк (1870–1935) до сих пор критикуется и почитается сегодня. Его обвиняли в том, что он занимался медициной без лицензии, и неоспоримые чудеса в его служении ставились под сомнение утверждениями о том, что он был «шарлатаном».

Чарльз Финни (1792–1875), известный как «принц евангелистов», был вдохновением для Билли Грэма и многих других. Он был противоречив и привлекал к себе разного рода клеветнические кампании, однако его помнят за то, что он вдохновил то, что стало известно как «Второе Великое Американское Пробуждение» в США, и использовал «скамью покаяния» во время своих собраний. Дж. Фредерик Райт, проработавший с Чарльзом Финни 30 лет, вспоминает, как иногда пробуждение омрачалось ожесточенными доминационными спорами (в данном случае о крещении новых верующих). Это почти привело к внезапной остановке прекрасного дела Божьего. Собрания Чарльза Финни вызвали много критики и стали целью многих скоординированных клеветнических кампаний. Но некоторые из тех, кто критиковал его, позже изменили свои взгляды и изумлялись тому, что Бог совершал через него.

Риз Хауэллс (1879–1950) сегодня почитается верующими во всем мире как пример праведника, исполненного Духом Божьим, который совершал служение ходатайства во время Второй мировой войны. Его молитвы, как молитвы Илии в древности считаются сильными и эффективными. Однако он публично предсказывал, что Вторая мировая война закончится в 1940 году, но все произошло наоборот, и война в то время только начиналась. Пресса представила это как провал, который настроил общественное мнение против него и основанного им Уэльского Библейского Колледжа. Однако все это не остановило этого благочестивого человека из Уэльса, и он с еще большей решимостью воспринял призыв к духовной войне в молитве, зная, что Богу есть что сказать в каждой ситуации.[22]

В Британии XVIII века были широко распространены богословские дебаты. На этом фоне одной из самых яростных атак на Джона Уэсли (1703–1791) была богословской. Так называемая «полемика о протоколах» (имеется в виду протокол одной из конференций Уэсли) бушевала с 1770 по 1775 годы. Джона Уэсли обвинили в «ужасной ереси», которая «вредила самым фундаментальным принципам христианства», и приказали многим выдающимся служителям отречься от того, что было записано в его протоколах за август 1770 года. Он более широко развил то, что сказал в 1744 году: «Мы слишком склонились к кальвинизму», заявив:

«Разве разговоры об оправданном или освященном состоянии не вводят людей в заблуждение? Почти естественным образом заставляя их поверить в то, что было сделано в один момент? Принимая во внимание, что мы каждый час и каждое мгновение, прожитое нами либо угождает либо не угождает Богу, в соответствии с нашими делам: согласно всем нашим внутренним настроениям и нашему внешнему поведению».[23]

За это выражение «практического христианства» его имя было очерняемо, и многие обратились против него.

---

22 Раско Д.М. (2003 год). *Ходатайство Риза Хауэллса*. Латерфовф Пресс.
23 Длетчер Дж. (1795 год). *Первая проверка антиномизма... Дж. Парамор, стр. 7*

Итак, мы подошли к Т. Б. Джошуа — пророку, пастору, учителю, филантропу, отцу в Господе для многих и Церкви «Синагога Всех Народов».

На протяжении более двух десятилетий «мы занимаем место в первом ряду» и имеем возможность наблюдать всю глубину усилий, направленных на то, чтобы остановить продвижение этого могущественного служения. С самого начала нашего участия в этом «движении Бога» никогда не было недостатка в негативных отзывах о Т. Б. Джошуа, и мы обнаружили целый параллельный мир лжесвидетельств и обвинений, клеветнических кампаний, злобных нападок, губительных для личности.

> «Жизнь не состоит лишь из веселья и развлечений. Это поле сражения, в котором только серьезно настроенные являются победоносными». (см. 2 Тимофею 2:3,4)

Любой, кто ищет истину, нуждается в терпении и независимом мышлении, и должен учитывать характер и плоды служения Т. Б. Джошуа: превозношение имени Иисуса Христа, знамения, чудеса и исцеления. Так продолжалось более 30 лет. Примеров множество. Многое увековечено на видео для потомков. Кроме того, так же глубокое библейское учение и постоянное увещевание слушателей сделать Слово Божье примером в жизни и ежедневных размышлениях.

Матфея 7:18 объясняет: «*Не может дерево доброе приносить плоды худые, ни дерево худое приносить плоды добрые*».

Нет нейтрального царства! Чернота человеческого сердца без Бога и ненависть ко Христу и христианскому Евангелию реальны. Гнев против Бога ежедневно наблюдается в западном мире. Книга Бытия напоминает нам, что во дни Ноя, как и сегодня:

«*...люди земли полны зла, они только о зле и думают*». (Бытие 6:5 Современный Перевод)

Пророк Иеремия провозгласил ту же истину:

«*Лукаво сердце человеческое более всего и крайне испорчено; кто узнает его?*» (Иеремия 17:9)

К. С. Льюис (профессор и богослов 20 века) вторит этому:

«Мы никогда не обнаружим импульс силы зла внутри нас, пока не начнем сражаться с ним».[24]

Лжесвидетельство

Десять заповедей — это библейские принципы, касающиеся этики и поклонения, которые играют фундаментальную роль в иудаизме и христианстве. На протяжении веков они формировали западные христианские демократии, устанавливая правила гражданской жизни как для религиозных, так и для нерелигиозных людей. Раньше детей обучали Десяти заповедям в воскресных школах наряду с молитвой «Отче наш» как основным принципам христианской веры.

Девятая из этих заповедей такова: «НЕ произноси ложного свидетельства».

Как и многие другие виды греховного поведения, лжесвидетельство или клевета является естественным плодом порочности человеческого сердца.

«Ибо из сердца исходят злые помыслы, убийства, прелюбодеяния, любодеяния, кражи, лжесвидетельства, хуления». (Матфея 15:19)

Все, что нужно — это что бы горечь или обида, пустили корни в сердце, и все их злые сотоварищи уже тут как тут — включая лжесвидетельство.

В христианской истории было много ложных заявлений, хорошо скоординированных клеветнических кампаний и очерняющей лжи, деструктивной критики. Это не должно нас удивлять, поскольку наш враг, сатана, не хочет видеть распространение Евангелия. И сатана будет безжалостно использовать все человеческие слабости для своих целей, прежде чем бросить свои человеческие сосуды, оставив их в жалком состоянии.

«Потому что наша брань не против крови и плоти, но против

---

24   К. С. Льюис (1952 год). *Простое Христианство.* Макмиллан стр. 78

начальств, против властей, против мироправителей тьмы века сего, против духов злобы поднебесной». (Ефесянам 6:12)

Ложные обвинения широко распространены, как и другие сердечные грехи, такие как похоть и гнев. Они могут быть простой и эффективной стратегией, используемой лукавым, чтобы низвергнуть служителя или разрушить служение. Дело не в самих обвинениях, а в том, что они сеют семена сомнения в сердцах. Затем эти семена сомнения могут укорениться и прорасти, уводя верующих от их славной судьбы к оскорбленному, циничному и утомительному образу жизни, когда религиозная служба становятся обязанностью.

Из Священного Писания мы замечаем, что, когда мы принимаем ложь, мы не просто начинаем занимать некую нейтральную позицию; мы рискуем стать своего рода лже-евангелистами, распространяющим сплетни, слухи и ложь с целью исказить истину. Любой может быть Петром, любой может быть Иудой! Обида и ложь могут быть обычным явлением. Псалом 11:3 напоминает нам, что:

«Ложъ говорит каждый своему ближнему; уста льстивы, говорят от сердца притворного».

Притчи 6:16–19 наставляют нас,

«Вот шесть, что ненавидит Господь, даже семь, что мерзость душе Его: глаза гордые, язык лживый и руки, проливающие кровь невинную, сердце, кующее злые замыслы, ноги, быстро бегущие к злодейству, лжесвидетель, наговаривающий ложъ и сеющий раздор между братьями».

Обида, ненависть, горечь, зависть, ревность, бедность и стремление к деньгам или известности могут побудить многих извратить истину. Мы видели это в действии. Истина не меняется, но люди могут изменять свою «историю» в зависимости от того, чего они хотят достичь в определенный момент времени. Мы ни раз являлись свидетелями этого.

Это также стало очевидным в совершенно другом контексте в

случае Фионы, когда она выполняла свой долг в качестве присяжного на суде в Великобритании.

Мы, 12 присяжных приглашенные из разных культурных слоев Великобритании, выслушали суровую лекцию судьи, прежде чем приступить к рассмотрению доказательств после серьезного обвинения. Судья объяснил, что люди лгут по многим причинам, а также плачут и проявляют эмоции, даже когда лгут. Это был сложный случай, и истории сначала казались довольно убедительными, но по мере того, как шел суд, они стали приобретать все меньший вес. В конце концов, 10 из 12 присяжных были готовы вынести приговор «невиновен».

В политическом мире очерняющие и клеветнические кампании — неотъемлемая часть политического арсенала предвыборных гонок. Говоря простым языком: «Если вы выльете на человека достаточно грязи, часть ее прилипнет, и вам поверят».

Некоторые компании планируются с целью и вовсе стереть человека с лица земли. Виноградник Навуфея — один из таких примеров в Библии. 3 Царств 21, стихи с 9 по 14 повествуют об царице Иезавели и ее преднамеренном использовании ложного обвинения, чтобы лишить жизни невиновного человека:

«В письмах она писала так: объявите пост и посадите Навуфея на первое место в народе; и против него посадите двух негодных людей, которые свидетельствовали бы на него и сказали: «ты хулил Бога и царя»; и потом выведите его, и побейте его камнями, чтоб он умер. И сделали мужи города его, старейшины и знатные, жившие в городе его, как приказала им Иезавель, так, как писано в письмах, которые она послала к ним. Объявили пост и посадили Навуфея во главе народа; и выступили два негодных человека и сели против него, и свидетельствовали на него эти недобрые люди пред народом, и говорили: Навуфей хулил Бога и царя. И вывели его за город, и побили его камнями, и он умер. И послали к Иезавели сказать: Навуфей побит камнями и умер».

Когда Неемия получил указание от Бога построить стены Иерусалима, было предпринято несколько гнусных попыток заставить его оставить работу. Один из ответов Неемии заключался в том, чтобы не брать во внимание и не реагировать на «предполагаемые» утверждения и угрозы врагов, потому что, как сказано в Неемии 6 стих 9, «ибо все они стращали нас, думая: опустятся руки их от дела сего».

В конце работы Библия отмечает, что враги осознали, что это дело было сделано Богом.

Преследование Т. Б. Джошуа в Нигерии также выходило за все возможные границы. Невозможно поверить в то, насколько яркие и язвительные обвинения звучали в адрес служения в обширной печатных СМИ и сайтах в интернете. Проводились молитвенные собрания и ритуалы, чтобы остановить служение, и местных жителей убеждали распространять ложь и с плакатами протестовать, пикетируя у ворот церкви.

Пока продолжался весь этот «шум», мы спокойно возили группы в Церковь «Синагога». Наибольшее количество и постоянство свидетельств заключались в том, что посетители приближались к Богу и возвращаясь в свои страны, становились активными членами своих поместных церквей.

На протяжении многих лет мы были свидетелями того, как, столкнувшись с бесчисленным множеством обвинений, Т. Б. Джошуа продолжал сосредоточивать свое внимание на своей цели — провозглашать благую весть об Иисусе Христе и освобождать узников царства тьмы.

В жизни имеет значение не то, что о вас говорят люди, важно то, во что верите о себе вы сами. Иисуса оклеветали. Его обвинили ложно. Он никогда никого не умолял поверить в Него. Они обвинили Иисуса в том, что он был наполнен бесами! Тем не менее, Он не обращал на это внимания. Он просто продолжал изгонять бесов. (Матфея 12:24).

Люди всегда борются с тем, что не понимают. На протяжении всей истории человечества имена людей Божьих очернялись и были запятнаны. Обвинения и клеветническая ложь были направлены против великих политических лидеров, а также против служителей Божьих. Это реальность жизни. Даниила, например, обвинили в нарушении закона. Иосифа ложно обвинили в изнасиловании жены своего работодателя. Зная все это, Иисус никогда не тратил время на своих критиков. Он просто сосредоточил внимание на своей цели.[25]

Телевизионный Интерес Угасает

Изначально международные телевещатели проявляли некоторый интерес к тому, что происходило в Церкви «Синагога», особенно к исцелению. Однако Церковь «Синагога» — не обычное место, и мотивы имеют значение. Святой Дух раскрывает истинные мотивы, и вот один такой пример, настолько «нелепый», что требует его изучения, чтобы понять, что за ним стоит.

Впервые, еще до появления «Emmanuel TV», съемочной группе одной британской независимой продюсерской компании было разрешено посетить и записать части служения и различные интервью. Они сказали, что работают на BBC, и во время визита они были очень любезны, даже брали интервью с посетителями в прямом эфире во время служения. Однако все это оказалось ложным. Хотя рабочее название программы было заявлено как «Всемирное Христианство», окончательный результат был показан на 4-м канале в июне 2004 года под названием «Черный Бог».

Мы с недоверием наблюдали, как программа изображала простые разговоры местных евангелистов на местном языке (йоруба) как зловещие, а интервью с Т. Б. Джошуа был полностью отредактировано что бы вводить в заблуждение. Даже кадры молитвенной очереди были показаны на фоне звучания пугающей музыки.

В то время не проводилось никаких служений в Великобритании, не было «Emmanuel TV», ни международных евангелизационных мероприятий, и все же это была явная попытка очернить служение в Великобритании.

В другом случае, когда в Великобритании уже проводились регулярные молитвенные собрания, некоторые репортеры под

---

25 Т. Б. Джошуа, *Знать Истину — это знать Иисуса*, брошюра Церкви «Синагога», распространенная в 2001 г.

прикрытием предъявленных ложных медицинских отчетов о серьезных заболеваниях, притворившись отчаявшимися просили о молитве.

«Вы мне поможете? Мне нужна молитва о моем состоянии «ххх»» — умоляюще тянула руки молодая женщина, ее темные глаза умоляюще смотрели на нас. «Я посещала ваши собрания в течение четырех недель; почему вы не можете помолиться за меня? Вот мой медицинский диагноз». Команда готовилась к одному из регулярных собраний для молитвы с Помазанной Водой.

Молитва за больных была частью христианской литургии со времен Нового Завета, хотя способ и манера ее различаются в зависимости от христианских традиций. Возможно, что еще более важно, успех молитвы, вознесенной «во имя Иисуса Христа», может зависеть от веры как в молящемся, так и принимающего молитву. Однако совершенно странно, что такое служение, открытое для публики и без какого-либо привлечения денег со стороны посетителей, проводимое в дневное время и широко известное, должно было привлечь внимание СМИ под прикрытием.

Почему мы были так уверены, что с историей этой женщины было что-то не так? Возможно, потому что Святой Дух предупредил нас о том, что то, что мы видим внешне — еще не вся история. Мы объяснили, что еще не время молиться за нее; могли ли мы знать, что эта женщина пыталась подставить нас так, чтобы ее тайная съемочная группа могла видеть, как она получает молитву, и затем они могли бы свободно предъявить свои обвинения. Разочарованная нашим отказом, в онлайн версии широко известной газеты была опубликована дико исковерканная история произошедшего, даже включавшая фотографию Фионы.

Позже представители СМИ совершили налет на воскресное утреннее богослужение, с камерами пробившись через церковных ашеров вперед. Мы понятия не имели, что они ожидали увидеть! Это было небольшое служение, и уже закончилось. Оставалось лишь время, на то, чтобы вместе выпить чашечку чая и пообщаться, и команда служителей служила нуждам посетителей.

Большинство посетителей уже разошлись, когда новостная бригада ворвалась внутрь. Они подошли к члену группы с камерой и микрофоном и потребовали объяснить, почему мы отговариваем некоторых пациентов от приема лекарств (что было неправдой). Она сообщила им, что мы были бы рады назначить встречу с ними, но нам нужно закончить служить нуждам посетивших наше служение людей. Они упорно пытались получить комментарий, но ничего не добились. Мы подумали, что они, вероятно, ошиблись в выборе времени, и рассчитывали ворваться прямо посреди служения. Один из членов команды попытался заблокировать их, выставив руку перед камерой, таким образом предоставив им видео материал, который они в итоге использовали в своей трансляции, чтобы поддержать свое совершенно необоснованное повествование.

12 СЕНТЯБРЯ 2014

12 сентября 2014 года мы вернулись домой после дружеского визита к стипендиату Церкви «Синагога» в Оксфордском Университете и узнали, что в здании церкви в Лагосе произошел серьезный инцидент. Здание, в котором размещались иностранные посетители, внезапно упало само собой, и, похоже, было много жертв. «Величайшее испытание с начала моего призвания» — говорил Т. Б. Джошуа описывая эту трагедию.

Это была не единственная международная катастрофа, произошедшая в том же году, когда не сразу было понятно, что произошло на самом деле. Например, два самолета Малазийских Авиалиний потерпели крушение: один был потерян над Южно-Китайским морем, а другой был сбит над восточной Украиной. Когда такие серьезные инциденты происходят на международной арене, разные наблюдатели часто излагают теории о том, что могло произойти. Социальные сети обычно полны предположений, некоторые из которых надуманы, а другие более правдоподобны. Однако официальные источники, близкие к инциденту, всегда как правило более осторожны и советуют подождать, пока не будет проведено официальное расследование, прежде чем могут быть сделаны выводы.

Однако в случае инцидента с Церковью «Синагога» местные власти сразу же заявили, что они подозревают что могло произойти, при этом не изучив факты и не имея никаких доказательств. Похоже, что они приложили усилия, благодаря которым в тот же день новости достигли других стран и уже изображали Т. Б. Джошуа как главного злодея. Не могло быть ничего более далекого от правды, но клеветническая кампания продолжалась. Похоже, что велась конкретная кампания с выходом в прессу и нападками на служение. Одна из новостных историй заключалось в том, что церковные служители не участвовали в спасательных операциях. Напротив, давая настоящие показания представители «Красного Креста» Нигерии заявили обратное:

> «Церковное руководство хорошо отнеслось к нам и оказало нам большую помощь. Они были полностью увлечены спасательными операциями. И могу вам сказать категорически, что они никогда не мешали нам выполнять свою работу. Скорее наоборот, их усилия действительно восполнили наши недостатки на тот момент».[26]

Фактический момент обрушения здания был зафиксирован камерами видеонаблюдения, на которых было показано, как все здание симметрично и полностью складываясь падает само на себя всего за 4 секунды, не касаясь соседние здания.

Видеозаписи с Камер Видеонаблюдения, Показывающие как Симметрично Рушится все Здание

Характер обрушения явно указывает не на какой-либо недостаток конструкции, а на управляемый снос или «взрыв», который используется для сноса ненужных зданий без ущерба для соседних строений или участков земли. Г-н Деррик Гарви, южноафриканский архитектор с более чем 50-летним опытом, недвусмысленно сказал об инциденте по Южноафриканскому национальному телевидению: «Когда здание падает на

---

26 *Обрушение здания Синагоги: Свидетели защищают церковь, а коронер, развеивает опасения судебного преследования*, The Maravi Post, 30 октября 2014 г.

себя в облаке пыли, это не может быть ничем другим... Это был взрывной управляемый снос. В этом нет никаких сомнений».[27]

Необходимо было тщательно спланировать, снос таким образом чтобы здание не падало за пределы собственного периметра. Обычно используются небольшие взрывчатые вещества, размещенные в стратегически важных местах, хотя также могут использоваться гидравлические насосы, и при соответствующем планировании и подготовке другие методы могут так же вызвать разрушение.

Изображения с камер видеонаблюдения и видеозаписи, записанные очевидцами, также ясно показывают, что низколетящий самолет находился рядом со зданием, совершив четыре облета вокруг него утром в день обрушения. Модель самолета была определена как «Hercules C130», принадлежащий ВВС Нигерии. Власти официально признали это, но не предоставили никаких объяснений или подробностей, за исключением того, что это осуществлялось «в рамках одобренного тренировочного полета». Мы десятки раз бывали в Церкви «Синагога», прожили там много месяцев, но никогда раньше не видели таких самолетов.

Присутствие этого самолета в районе церкви особенно в то утро, всего за несколько минут до обрушения неоспоримо, даже если нет никаких прямых доказательств того, что самолет являлся его причиной.

Есть разные предположения. Например, в научной статье от июля 2015 года утверждается, что разрушение здания церкви могло быть вызвано инфразвуковым оружием, установленным на борту самолета.[28] В другой частной статье объясняется, как с самолета можно было использовать химический лазер, чтобы вызвать детонацию взрывчатых веществ, вызвавших обрушение.[29]

---

27 *Отдел новостей, 31 июля 2015 г. Канал SABC News на YouTube*

28 *Игунивэй, П. Б. (2015). Устранение недостатков конструкции и размещение разных типов химических взрывчатых веществ ... Международный научно-технический журнал 3 (7).*

29 *Тщательное исследование обрушения здания Церкви «Синагога», опровержение некоторых теорий, The Maravi Post, 23 октября 2014 г.*

В двух статьях, опубликованных в июне 2017 года, бывший министр Культуры и Туризма и Министр Авиации Нигерии утверждал, что здание Церкви «Синагога» было взорвано в результате секретной операции, проведенной преступными элементами в спецслужбах. Автор утверждает, что ему рассказали об этом оперативники, работающие в агентствах, и довольно подробно объясняет возможные политические и религиозные мотивы такого нападения.[30,31] Независимо от того, является ли это правдоподобным объяснением или теорией заговора, мы точно знаем, что главный заговорщик, сатана, хотел разрушить служение Т. Б. Джошуа.

Сохранение Сосредоточенности под Давлением и Напряжением

Реакция пророка, «Божьего Генерала» нашего времени на вызов, с которым столкнулось служение в 2014 году во время обрушения здания, было поучительным, и мы имели честь увидеть этот ответ в действии.

Давайте сделаем шаг назад и рассмотрим ситуацию по мере ее развития.

В Колумбии произошло экстраординарное событие: Олимпийский Стадион был заполнен. Т. Б. Джошуа планировал спуститься с горы, где он останавливался в неброском деревенском домике, чтобы помолиться перед стадионом и переехать в место, где он мог бы быть более доступным для посетителей, которые должны были встречаться с ним.

Но затем пришло предупреждение от Бога: «Темное облако нависло над Нигерией. Вернись на «Молитвенную гору» (домой в Нигерию) и пребывай в молитве. И еще: приобретите новую систему видеонаблюдения для недвижимости в Икотун Эгбе».

Это был июль, и все небесные инструкции были в точности

---

30 Феми Фани-Кайоде: *Как взорвали здание церкви Т. Б. Джошуа [Часть 1]*, Daily Post, 5 июня 2017 г.

31 Феми Фани-Кайоде: *Как взорвали здание церкви Т. Б. Джошуа [Часть 2]*, Daily Post, 7 июня 2017 г.

выполнены. В пятницу, 12 сентября, в день «нападения», человек Божий молился на «Молитвенной горе», когда поступили сообщения о странном самолете, кружившем над Церковью «Синагога».

Это зло нападение было рассмотрено человеком Божьим в спокойном утверждении:

«Потерянная сосредоточенность — настоящая причина того, почему люди терпят поражение».

Даже в разгар этого столь мучительного испытания его внимание не рассеивалось. Предотвращая любую последующую панику, он спокойно организовывал евангелистов в спасательные команды, используя машины скорой помощи, «пророчески» присутствующие на месте. Он все время оставался в состоянии молитвы. Хотя в тот день было много погибших, многие были спасены, чтобы рассказать свои уникальные истории.

Во время воскресного богослужения, последовавшего за роковой пятницей, человек Божий оставался в неизменной вере, сильным для всех, кто смотрел служения по «Emmanuel TV», и для тех, кто физически присутствовал на собрании в церкви. Молитвенная очередь продолжалась, в то время, когда успешно проводились работы по спасению тех, кто оказался в ловушке под завалами.

Мы прибыли в Церковь «Синагога» всего через неделю после инцидента и смогли увидеть эту непоколебимую сосредоточенность в действии.

Нам выпала честь присоединиться к команде, которая направилась в Южную Африку, чтобы встретиться с теми, кто потерял членов семьи в результате этого нападения. Они были людьми веры, смиренными и готовыми с верой принять жизненные трудности. Любовь, вспыхнувшая в сердцах людей к служению, была внушающей благоговение, духовной, небесной. История покажет, что ждет этих мучеников — людей, неожиданно погибших в поиске Бога. Они и их семьи показали пример и эталон поведения, которому мы можем только надеяться подражать. Многие семьи продолжают получать поддержку служения через образование.

Крусейд с Т. Б. Джошуа в Мексике, 2015 г.

Перенесемся в Мексику 2015 год. Когда мы осмотрели заполненный стадион «Ацтек» (самый большой в Латинской Америке) и видели, как высоко превозносится и прославляется имя Иисуса Христа, через несколько месяцев после этого разрушительного нападения мы благодарили Бога за то, что сосредоточенность Его слуги, Пророка Т. Б. Джошуа не была утеряна. Многие семьи мучеников, трагически погибших в тот день присутствовали там в качестве почетных гостей.

Нападение сил тьмы, каким оно и являлось, было направлено на то, чтобы вывести служение из строя и смертельно ранить его. Но да будет слава Богу, поскольку по прошествие времени, хотя есть еще тайны и загадки, которые должны быть окончательно раскрыты, в Божье время, служение стало сильнее.

Шумиха в Назарете

В июне 2019 г. Т. Б. Джошуа провел историческое собрание на «Вершине горы» в Назарете в Израиле — родном городе Иисуса Христа. Тысячи посетителей собралось со всего мира. Однако до того, как состоялось собрание, по всему Израилю поднялся такой шум, что поговаривали, что мероприятие следует отменить.[32]

Как христианские, так и исламские лидеры выступили по телевидению, чтобы предупредить своих последователей:

«Даже из любопытства [наши люди] не должны идти; если они это сделают, они будут продвигать лжеца, человека, которому не нравятся преимущества христианской веры. Этот человек только пропагандирует ложь, и всякий, кто следует за этим лжецом не праведен. Вот почему мы запрещаем нашим людям участвовать

---

32 *Преследование — это продвижение! Уроки Т. Б. Джошуа в Назарете*, Facebook пост Служения Т. Б. Джошуа, 21 августа 2020 г.

в этом мероприятии».

«Мы не должны отдавать это место, которое считается священным, в руки колдуна. Мы не должны позволять ему использовать нашу землю для рекламы самого себя. Я против этого; этот человек провоцирует людей всех религий в Назарете. Они должны изгнать его и вообще не давать ему никакой возможности!»

«Бойкот сионисту-чародею — наш национальный и религиозный долг».

Перед началом мероприятия «Вершина горы» была даже подожжена, с целью ее срыва. Также прошла акция протеста, люди скандировали: «Слушай нас! Пусть этот колдун убирается прочь! «Вершина горы» никогда не будет попрана тобою, трус!»

Шум не прекращался даже во время мероприятия. Когда Т. Б. Джошуа проповедовал о любви, религиозные группы напротив собрания вещали через громкоговорители: «Не участвуйте в этом колдовстве. Этот колдун не достоин нашей земли».

Даже после этого события группа религиозных людей провела «ритуал» на горе, утверждая, что «очищает библейское место с помощью соли, воды и листьев».

Тем не менее, Т. Б. Джошуа продолжил, пока не совершил то, что Господь послал его сделать в Назарете — публично провозгласить имя Иисуса Христа на том месте, спустя 2000 лет. Помимо этого, так же исцеления, освобождения, знамения и чудеса произошли во имя Иисуса Христа.

«И, призвав их, приказали им отнюдь не говорить и не учить о имени Иисуса. Но Петр и Иоанн сказали им в ответ: судите, справедливо ли пред Богом слушать вас более, нежели Бога?» (Деяния 4:18–19)

Как Т. Б. Джошуа сказал об этом событии:

> «Вам нужно только услышать: «Вперед!» сверху, с Небес.
> Кто ты такой, чтобы говорить «нет»? Когда Бог говорит «да»,
> никто не может сказать «нет». Шум севера и юга, шум востока
> и запада не имеет значения. Это лишь подталкивает нас
> вперед».[33]

Нам выпала честь наблюдать, как все это разворачивается на
наших глазах. Действительно, даже с точки зрения планирования
и организации мероприятия, часто выглядело так, как будто
оно не состоится. Но Пророк Т. Б. Джошуа слышал слово Иисуса:
«Иди!» Как он объяснил одному из членов команды, сомневаю-
щемуся в том, действительно ли мероприятие может состояться,
что он попросту был обеспокоен не тем, что это уже произошло
на Небесах. Нам просто нужно было твердо стоять в вере.

Блокировка YouTube

К 2021 году «Emmanuel TV» стал самым популярным христианским
каналом на YouTube, его видео были переведены на несколько
языков и в общее количество просмотров достигло более одного
миллиарда. Однако в апреле 2021 года YouTube закрыл канал,
сославшись на «Принципы сообщества», запрещающие «разжи-
гание ненависти».

Многие подписчики выразили свой шок и удивление, наводнив
социальные сети просьбами к YouTube восстановить канал
«Emmanuel TV» на своей платформе. Некоторые заявили о своем
отвращении к этому решению в статьях африканской прессы.
Например, один автор пожаловался, ссылаясь на YouTube:

> «Они утверждают, что их действия были основаны на «разжи-
> гании ненависти» из-за видео ролика об освобождении;
> видео, которое для истинно верующего является вдохнов-
> ляющим свидетельством преображения».[34]

Другие комментаторы выразили обеспокоенность по поводу
более широких последствий для всех, кто придерживается

---

33 Там же.
34 *Тирания Гигантов Социальных Сетей и Современные Преследования Церкви,*
The Maravi Post, 17 апреля 2021 г.

консервативных христианских ценностей. Например, Ноа Питчер, комментатор Global Politics для Today News Africa, американской международной новостной организации, специализирующейся на политике США и Африки, отметил, что:

> «Ярлык «разжигание ненависти» может оказаться неопределенным, всеобъемлющим и открытым для субъективной интерпретации... Это вызывает много опасений среди религиозных сообществ по поводу того, можно ли будет в дальнейшим наказывать пасторов за простое чтение учений Священного Писания».[35]

Ассоциация Нигерийско-Американской Прессы также выразила свое мнение, назвав решение Google (материнской компании YouTube) «дискриминационным».[36]

На этом фоне потенциальной напряженности и конфликта Т. Б. Джошуа затронул этот вопрос непосредственно на собрании Партнеров «Emmanuel TV», призвав сторонников оценить работу сервиса YouTube и молиться за него:

> «То, что произошло — благословение. Я хочу, чтобы вы помогли мне молиться за YouTube. Молитесь за них! Не считайте их врагами, наоборот, считайте их друзьями. Нам нужно быть сильными.
>
> По-человечески я знаю, что то, как вы на это смотрите, не так, как я буду смотреть на это. Я смотрю на это иначе. Не забывайте молиться за YouTube. Многие из вас, кто находится здесь сегодня, если бы не YouTube, вас, вероятно, здесь не было бы. Именно через YouTube вы узнали о Т.В. Джошуа и смогли прийти сюда. Пожалуйста, молитесь за них. Взгляните на это по-другому».[37]

Далее он объяснил, что, все, что мы переживаем, как христиане,

---

35 *YouTube идет по опасной грани между толерантностью и цензурой в своем решении закрыть канал знаменитого нигерийского пастора Т. Джошуа*, Today News Africa, 21 апр 2021 г.

36 *Запрет YouTube был «делом Божьим»*, — Т. Б. Джошуа, The Nation (Нигерия), 19 апреля 2021 г.

37 *Мой ответ на блокировку «Emmanuel TV» на YouTube*, пост Служения Т. Б. Джошуа в Facebook, 18 апреля 2021 г.

должно подготовить нас к будущему. Важно не то, что говорит одна или другая сторона, а то, что говорит будущее. Мы должны приносить каждое решение перед Богом в молитве.

Вновь Пророк Т. Б. Джошуа не потерял сосредоточенность на отношениях с Богом. Как сказал апостол Петр:

«И потому те, кто страдает, зная, что на это есть воля Божья, должны вручить себя верному Создателю и продолжать творить добро». (1 Петра 4:19 Современный Перевод)

Бесплатная Реклама

Т. Б. Джошуа никогда не рекламировал свои проповеди или церковные служения, но ему удавалось привлечь внимание всего мира. В чем секрет? В преследовании!

> «Пусть вас рекламируют. Не сражайтесь с этим! Если вы действительно искренни, все, что люди говорят о вас — осуждают ли они вас, поносят ли ваше имя или хвалят вас — это все для вашего блага».[38]

Джон Флетчер, близкий соратник Джона Уэсли, который сам не новичок в решении спорных вопросов, почти 300 лет назад сделал аналогичное наблюдение, глубоко размышляя о том, как противодействие со стороны сатаны служит на благо Евангелия.

> Чем больше бог этого выродившегося мира возвышает себя в противовес истине, тем более он располагает искренние сердца к восприятию. Евангелие — это вечная скала, на которой основана Церковь, и которую врата ада никогда не одолеют. И хотя на эту скалу нападают бесчисленные сонмы видимых и невидимых врагов, все же их неоднократные нападения служат только для того, чтобы продемонстрировать со все возрастающей уверенностью ее непоколебимую твердость и абсолютную непроницаемость.

> Ясность видения суверенного блага, представленного нам в Евангелии, достаточно, чтобы сделать его желанным для всех. Однако завеса невнимания в значительной степени

скрывает это высшее благо, а туман предрассудков полностью обволакивает его. Но из-за бесчеловечного поведения преследователей христианства, их ложных обвинений, их тайных заговоров и беспримерной жестокости этот туман часто рассеиваются, и все завесы раздираются надвое — сверху донизу.

Таким образом, ошибка невольно открывается взгляду на мир; в то время как каждый беспристрастный наблюдатель, привлеченный чарами преследуемой истины, исследует ее природу, признает ее превосходство и, наконец, торжествует в обладании той бесценной жемчужиной, которую он когда-то презирал. Таким образом, слезы верных и кровь исповедников обычно рассеивают и питают семена Божьего Царства.[39]

Посвящение Усиливает Веру

«Активная вера обращает на нашу сторону то, что обращено против нас».

Действительно, то, что должно было противостоять народу Божьему, может способствовать его продвижению. Вера должна быть испытана в реальной ситуации. Если вы будете твердо придерживаться своего посвящения на протяжении всего испытания, Иисус умножит вашу веру.

Эта глава завершается словами мощной проповеди Т. Б. Джошуа, объясняющей, почему преследования неизбежны, и раскрывающей глубокую взаимосвязь между верой и посвящением.

---

39 Флетчер Дж. (1804 г.). *Портрет Св. Павла*. Кирк и Робинсон, стр. 116–7

ПОСВЯЩЕНИЕ УКРЕПЛЯЕТ ВЕРУ

Т. Б. Джошуа, Церковь «Синагога» Воскресное Служение, 12 августа 2018 года.

Иоанна 15:18–19 — «*Если мир вас ненавидит, знайте, что Меня прежде вас возненавидел. Если бы вы были от мира, то мир любил бы свое; а как вы не от мира, но Я избрал вас от мира, потому ненавидит вас мир*».

Мир ненавидит учеников Иисуса, а вы один из учеников. Если вы последователь Иисуса, хотя вы живете в этом мире, вы не являетесь его частью. Вот почему мир ненавидит вас — потому что вы не являетесь частью всего, что олицетворяет мир. Если вы ученик, между вами и всем что есть в этом мире, существует преграда.

В тот момент, когда мы отождествимся с Иисусом Христом и искренне примем Его нашим Господом и Спасителем, мир возненавидит нас. Доказательством того, что вы действительно искренне принимаете Иисуса, является то, что мир будет ненавидеть вас. Мир, находящийся в настоящее время под сатанинским контролем, будет ненавидеть вас так же, как ненавидит Иисуса.

Некоторые из нас скажут: «Почему мы должны страдать и умирать после того, как Иисус одержал победу на кресте и пострадал за нас?» Ответ находится в Иоанна 15:20, где Иисус сказал:

«*Раб не больше господина своего. Если Меня гнали, будут гнать и вас; если Мое слово соблюдали, будут соблюдать и ваше*».

Любой, кто утверждает, что он не должен страдать, потому что Иисус пострадал за него, противоречит тому, что сказал Иисус. Другими словами, мы говорим, что, когда мы принимаем Иисуса Христа как нашего Господа и Спасителя, мы принимаем Небесное гражданство и смерть здесь, на земле. Полное посвящение — это то, что Иисус требует на протяжении всего Евангелия.

Доктрина, которая гласит, что не будет ни страданий, ни проблем со здоровьем, ни трудностей, не соответствует Слову Божьему, потому что человек может болеть телом, но при этом может претендовать на Небеса, быть другом Иисуса. Человек может быть бедным, но при этом быть любимцем Небес.

Не позволяйте ситуации управлять вами. Многие сегодня, когда больны, начинают видеть Иисуса в плохом свете. В нашем хождении с Господом бывают как хорошие, так и тяжелые времена, времена, когда дела идут хорошо, и когда дела идут с точностью наоборот. Лучше всего мы учимся, когда все идет не по нашему плану.

Мы не можем отделить духовную войну от спасения. Истинное спасение ставит нас в прямой конфликт с сатаной. В тот день, когда вы полностью посвятили себя Иисусу, вы объявили войну сатане. Отождествив себя с Иисусом из Назарета, вы сделали себя заклятым врагом сатаны.

Как только Иисус искупляет нас, мы становимся пришельцами на Земле — чужими. Между нами и всем что на земле, будет преграда. Что такое преграда? Вы не можете пойти туда, где Иисуса не примут; вы не можете сказать то, что Иисус не хотел бы услышать; вы должны пойти туда, где Его будут приветствовать.

Прежде чем вы сможете быть приняты, ваше посвящение убедит Иисуса принять вас. Вы говорите: «Господь Иисус — я грешник. Омой меня Твоей драгоценной кровью, спаси мою душу», — и вы бросаете курить, ходить в ночные клубы, ссориться и завидовать. Однако, пока ваше сердце не примет то, что вы говорите, вы не такие в сердце.

Посвящение убедит Иисуса принять вас.

Вы многое сделали или утверждаете, что делаете, но в сердце вы не таковы. Например, вы приняли Иисуса своим Господом и Спасителем и бросили курить, но все еще курите в мечтах. Вы живете ограниченной жизнью; вы несвободны, то есть вы всегда живете с побуждениями — внутренней тягой к тому или иному. Вы говорите: «Я дитя Божье», но обнаруживаете, что пьете алкоголь или спите с разными женщинами в мыслях. Это потому, что вы не такие в сердце.

Посвящение служит мостом, посредником, связующим звеном между нами и Иисусом. Посвящение означает «от всего сердца». В тот момент, когда вы возьмете на себя посвящение, вас будут испытывать и пытаться узнать, действительно ли вы имеете в виду то, что говорите. Вы честны с самими собой или обманываете себя?

Если вы твердо придерживаетесь своего посвящения на протяжении всего испытания, Иисус будет давать вам все больше и больше веры по мере вашего продвижения. Вера — это чистый дар от Бога. Вы не сможете возрастать в вере, если не возьмете на себя обязательства и посвящение. Только вера угождает Богу.

Если вы христианин, верующий, пастор, епископ, пророк или если вы собираетесь им стать, на каждом шагу к вам будет приходить водительство от Духа о том, какое действие должно быть выполнено. Я слуга. Я не могу сам себе диктовать направление, позицию или то, что мне сказать; я не могу сам за себя решить, какие страдания переносить.

Вы гладите свою одежду и говорите, что наденете в понедельник, а что во вторник — откуда вы знаете, что доживете до тех дней, когда вы пришелец, слуга, странник здесь на земле? Это одно из самых больших оскорблений, которые мы наносим Богу.

Какое место занимает Бог в вашей жизни? В момент, когда вы просыпаетесь и говорите: «Я не знаю, что мне делать дальше. Бог я передаю Тебе управление» — вы христианин, последователь Бога. Там будет страх Божий.

Настоящее принадлежит нам; Бог владеет нашим будущим. Вы возьмете на себя управление в настоящем; Он берет на себя ваше будущее. Вы можете начать это прямо сейчас. Отдайте ваш следующий шаг в руки Бога.

Бог Может Использовать Любое Средство

«Помажь воду! Эта «Помазанная Вода» отправится в труднодоступные места!» Таково было наставление, полученное от Бога. Это было наставление в праведности, сшедшее к Т. Б. Джошуа, когда он искал лица Всемогущего Бога на «Молитвенной Горе» и был пропитан горячей эффективной молитвой.

Помазанная Вода

В период между первым рядом международных евангелизационных событий (крусейдов) в разных странах до 2007 года и вторым рядом таких событий, которые снова начались в 2014 году, была запущена «Помазанная Вода», иногда известная как «Утренняя Вода». Начиная с более крупных бутылок, которые вскоре были заменены меньшим размером, которые официально можно было перевозить в самолете.

Почему вода? Что же, Бог может использовать любое средство, и, как сказал Т. Б. Джошуа — вы можете безопасно наносить воду на разные части тела.

Эффект от этой инструкции был невероятно огромен, например, «Помазанная Вода», бесплатно предоставляемая посетителям Церкви «Синагога», будет фигурировать в свидетельствах со всего мира, на разных языках, с разных культур, часовых поясов и христианским опытом.

Этот бесплатный дар вызывал споры и недоумение со стороны некоторых людей, но был вполне приемлем для других в христианском мире.

Это сфера таинства. «Помазанная Вода» — это в определенном смысле (химически) обычная вода. И все же, с другой стороны, как она могла быть обычной? Она не явилась результатом обсуждения на заседании церковного совета, обсуждением цифр, квот, цен и сроков. Помазание, стоящее за ней, является подлинным и могущественным.

ПОРУЧЕНИЕ ПУТЕШЕСТВОВАТЬ

Как евангелисты славного Евангелия Господа нашего и Спасителя Иисуса Христа и под руководством Пророка Т. Б. Джошуа, пришло время, когда мы были посланы по всему миру проповедовать Евангелие и молиться за больных и страждущих во имя Иисуса Христа, используя средство «Помазанная Вода».

Было начало октября 2010 года, мы посещали в Церковь «Синагога» в Лагосе. Это было трудное время, когда различные нападки на служение наделали много шума в нашей стране, и мы попросили прийти и молиться, чтобы найти лицо Бога в этом месте веры.

Было здорово находиться там, но в то же время было интересно, потому что мы ожидали и не знали, чего ожидаем! Мы пытались набраться терпения, но это было время испытаний. В частном разговоре между собой мы вспомнили случаи, когда пятью и шестью годами ранее мы были в России, чтобы ободрить верующих и помочь некоторым посетить Церковь «Синагога», и как нам понравилось встреча с русскими верующими.

Незадолго до отъезда в аэропорт нас позвали в офис. То, что произошло потом, было словно прямо со страниц Библии:

«И сказал один из слуг его: никто, господин мой царь; а Елисей пророк, который у Израиля, пересказывает царю Израильскому и те слова, которые ты говоришь в спальной комнате твоей.» (4 Царств 6:11–13)

Мы вошли в небольшой офис, зная, что будет встреча с пророком. Мы до сих пор верим, что Т. Б. Джошуа не знал, что он собирался сказать нам, когда мы вошли в офис. Медленно он взял сумку с бутылками с «Помазанной Водой», остановился, подождал, как нам показалось на наш восторженный взгляд, чтобы прислушаться, а затем наполнил ее, пока их не стало 11 или 12. И затем пришло наставление в праведности:

«Вы — евангелисты. Езжайте в Россию! Позвольте мне помолиться за вас».

Медленно, с намерением он соединил наши руки вместе, и держа их так молился: «Отец, предай Себя их защите, укрепи их стремление ко Христу». Это было поручение, чтобы «показать, что может сделать вода». Вера, мир и безмерная целеустремленность наполнили наши сердца, и даже в аэропорту Лагоса в ожидании посадки мы начали исследовать как осуществить это.

За этим последовало два года путешествий, в основном в русскоязычные страны.

Сквозь холодные, далекие пустыни азиатской части России, до краев Узбекистана, в маленькие однокомнатные квартиры в Казани, в которые забивалось по 50 человек, в тайные места христианских собраний в Караганде, посреди обширных степей, составляющих просторы Казахстана, где верующие, часто встречающиеся тайно, слышали о Т. Б. Джошуа, и желали испытать помазание Божье.

Собрания, большие и маленькие, будут проходить в похожем формате: время проповеди из Евангелий, часто основанных на истории о Слепом Вартимее (Марка 10:46–52), Хананеянке (Матфея 15:21–28) или человек спущенном через крышу (Марка 2:1–12). Это должно было помочь собранию сосредоточиться на Иисусе и просить Его о милости. Затем мы показывали видео (с русским переводом) свидетельств о молитве с использованием «Помозанной Воды» и общей молитвы в Церкви «Синагога». Потом собравшиеся вставали и присоединялись к общей молитве, и это почти всегда приводило к тому, что у некоторых людей проявлялись злые духи, а затем провозглашалось исцеление.

Это так же было возможностью объяснить, что с водой не было связано никакого особого богословия и что «Помазанная Вода» не продавалась за деньги: Бог может помазать все, что угодно, и нельзя продавать «помазание». Сам Т. Б. Джошуа объяснил, что любая плата за воду, или даже за пересылку ее по почте или доставку, сделает ее «обычной водой». Многие верующие в разных странах из разных слоев общества, особенно бедные, понимали это очень просто.

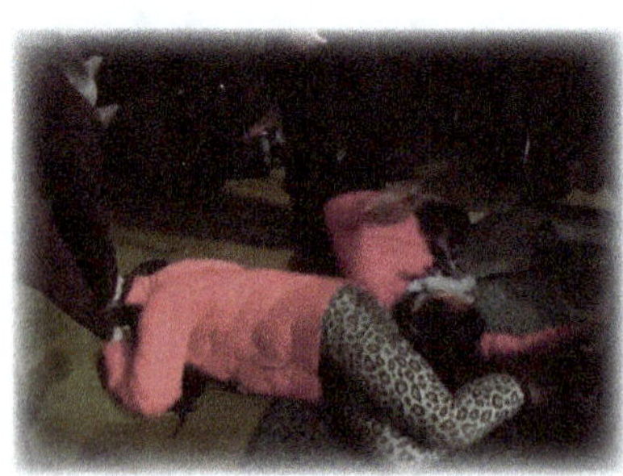

Реакция на Молитву с «Помазанной Водой»

Именно в одном таком отдаленном месте, где мягко падал снег, мы увидели силу Бога, превосходящую культуры, расы и удобства. Прихожане вышли вперед и выжидательно выстроились в очередь. Вода распылялась без физического прикосновения человека. Не ранее чем были произнесены слова: «В могущественное имя Иисуса Христа!» люди начали кричать, плакать и делать выпады то взад, то вперед, снова и снова. Переход от аккуратного и благопристойного стояния к проявлению гнева, ярости и даже животного поведения со зловещими звуками был мгновенным.

Одна из таких женщин, которая постоянно бросалась на нас и рычала, пока мы молились, опрыскивая ее водой, на следующий день пришла засвидетельствовать о заметном улучшении ее физического здоровья.

«Вор приходит только для того, чтобы украсть, убить и погубить. Я пришел для того, чтобы имели жизнь и имели с избытком». (Иоанна 10:10)

Некоторые Свидетельства

Было бы трудно подсчитать количество раз, когда мы видели или слышали свидетельства о том, что происходило после молитвы и распыления воды. Мы лично испытали на себе защиту Бога и значительное улучшение нашего физического состояния, когда во время путешествий у нас возникли проблемы со здоровьем.

Киргизстан

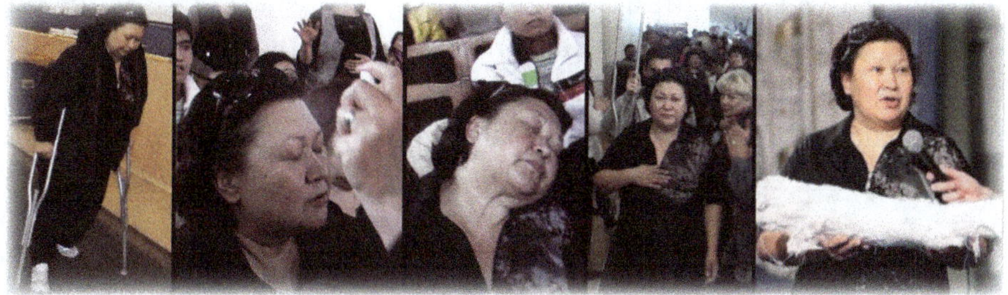

Исцеление в Киргизстане

Среди ярких воспоминаний — исцеление женщины с вывихом и переломом колена на большом церковном собрании в Киргизстане. Она приехала на молитвенную регистрацию на костылях, не имея возможности давать нагрузку на травмированную ногу, и мы провели с ней полноценное интервью. Мы ободряли ее оставаться в вере, и она села в конце зала. Мы объяснили, что пойдем к ней во время служения, чтобы окропить водой, веря, что Бог снимет ее боль. То, что произошло, было просто потрясающе. Иисус как бы Сам вышел служить на сцену. Женщина казалась почти впавшей в транс, а затем радостно и уверенно встала и спустилась по лестнице без костылей со сцены. После этого она захотела, чтобы повязки и гипс были сняты, и местная медсестра оказала ей помощь в этом!

УКРАИНА

Затем были свидетельства тех, кто получил «плод чрева», будучи бездетными в течение многих лет. Во время одного визита в церковь в Украине в сентябре 2012 года мы с радостью записали свидетельства трех «чудо-младенцев» одновременно. Некоторое время существовала особая «Помазанная Вода», назначенная пророком Т. Б. Джошуа для молитвы за плод чрева, и она есть в каждом из свидетельств.

У одной женщины была диагностирована большая киста яичника, и врачи сообщили ей, что она не может забеременеть. В ее медицинских отчетах и снимках четко была видна большая киста. Мы молились за нее во имя Иисуса, используя «Помазанную Воду» на служении в Украине в конце 2010 года. Мы также дали ей бутылку специальной воды для помазания «Плод чрева», чтобы она использовала ее дома. Через три месяца она забеременела, и к сентябрю 2012 года ее здоровой дочери исполнилось девять месяцев.

Другая пара также получила свое чудо через служение «Помазанной Водой», но другим способом. Пастор церкви вернулся после

Свидетельства «Плода Чрева» в Украине

посещения Церкви «Синагога» в начале марта 2011 года, принеся с собой немного помозанной воды «Плода чрева». Вдохновленный тем, что он увидел в Церкви «Синагога», он провел в своей церкви молитвенное служение «Плод чрева», передавая по кругу платок, который он помазал водой. Ребенок был зачат всего через месяц после той молитвы веры.

Третья пара были сами пасторами. Безуспешно пытаясь завести второго ребенка, когда их первому ребенку на тот момент было 18 лет, они также молились с «Помазанной Водой», привезенной пастором Димой после время визита в Церковь «Синагога». Они обнаружили, что через месяц они тоже ждут ребенка.

Еще Одно Свидетельство с Украины

Пастор Дима повторно посетил Церковь «Синагога» в ноябре 2011 года, чтобы поделиться своим свидетельством, а также искать Бога для прорыва в сверхъестественном служении для всей церкви. Он получил пророчество от Т. Б. Джошуа во время служения, объясняющее, как Бог будет использовать его в своем народе. Затем, когда он встретился с Т. Б. Джошуа в конце своего визита он получил передачу силы через молитву, в котором он почувствовал, как сила Божья сошла в его руки. По возвращении в его церкви действительно произошел духовный прорыв.

Пакистан

Пастор из России связал нас с церковью в Пакистане, куда мы также привезли «Помазанную Воду». Здесь свидетельства распространились на сельские фермерские общины. Преподобный Халид Джамали прислал нам это свидетельство после одного из наших визитов:

> «Я поехал в деревню Хатиан Вала, там живут пастухи буйволов. У каждого есть от 10 до 30 буйволов, но у одной женщины был только один буйвол. Ее источник заработка — только один буйвол, и этот буйвол был близок к смерти в то время, когда мы проводили там собрания применением помазанной воды. Женщина пришла, и я дал ей воду для помазания. Когда ему дали выпить воды, через две минуты буйвол исцелился, и женщина начала плакать от счастья и радости».[40]

В следующем году мы смогли посетить эту деревню и записать некоторые другие свидетельства об использовании «Помазанной Воды», включая историю молодого человека по имени Захид. Доход его семьи приходил от пшеничного поля недалеко от деревни, которое испортили насекомые. Они не могли позволить себе опрыскать местность инсектицидом, но с верой в кровь Иисуса Христа они опрыскали поле помазанной водой. Пшеница

---

40   Из личной электронной переписки, 4 сентября 2012 г.

проросла, и в том году был собран рекордный урожай.

В густонаселенном районе Кана Нау в Лахоре, Пакистан, мы последовали за пастором через дверной проем в обшарпанный двор, где увидели молодого человека, растянувшегося на матрасе. Человек по имени Шахзад посмотрел на нас. Мы были потрясены, узнав, что он лежал несколько месяцев с тяжелой анальной раной, которая с каждой неделей ухудшалась.

Свидетельство Аграрного Чуда в Пакистане

Гэри быстро распылил немного «Помозанной Воды» на рану, мы также распылили немного воды в бутылки, чтобы ее можно было использовать позже, и побудили его оставаться в вере в Иисуса Христа.

Вернувшись через полгода, мы послушали его невероятное свидетельство на языке урду:

Свидетельство Исцеления в Пакистане

«У меня была рана на ягодицах семь месяцев. Я не мог ходить в туалет. Все время лежал на кровати. Я молил Бога помочь мне. В прошлом году вы пришли с Помазанной Водой от Т.Б. Джошуа и брат Гэри распылили ее на мою рану. Через несколько дней она полностью зажила.

Теперь я живу нормальной жизнью. Я получил свое исцеление через помазанную воду, через силу Господа нашего Иисуса Христа».

Немного Приключений

Во время нашего путешествия по бывшему Советскому Союзу в Хабаровске, недалеко от границы с Китаем, нам пришлось испытать необычную атаку. Т. Б. Джошуа часто напоминал церкви, что у верующих нет «выходных дней». Нам всегда нужен Иисус во всех сферах нашей жизни.

«Трезвитесь, бодрствуйте, потому что противник ваш диавол ходит, как рыкающий лев, ища, кого поглотить». (1 Петра 5:8)

Накануне вечером мы молились за многих с помощью «Помозанной Воды» и видели несколько драматических случаев освобождения. Мы вернулись в дом пастора, чтобы отдохнуть перед долгим путешествием. Русское христианское гостеприимство небезызвестно, и, по пути в аэропорт, пастор позаботился о том, чтобы мы хорошо поели. В местном ресторане был своего рода «звездный» аттракцион — большой разъяренный медведь в клетке, который, как мы вскоре обнаружили, оказался небезопасен. Наш хозяин хотел, чтобы мы попозировали на фоне клетки для фото, и мы неохотно согласились. Фиона рассказывает, что произошло дальше,

Свидетельство Исцеления в Пакистане

Внезапно я вижу, что Гэри дергается и расшатывается, и инстинктивно оттаскиваю его (как раз вовремя). Клетка оказалась не в хорошем состоянии, а медведь глубоко вонзился зубами в руку Гэри через его пальто (беспощадная атака, направленная на то, чтобы оторвать ему руку, как позже объяснил нам наш друг-охотник из Южной Африки). Это была рука Гэри, которую он использовал для служения Евангелие во всех ситуациях когда нужно было редактировать тексты с переводами, пост-продакшн монтаже, благотворительных записях и т. д. Не говоря уже об опрыскивании «Помазанной Водой». Рана была глубокой, текла кровь, я достала помазанную воду и быстро опрыскала руку. При медицинском осмотре рана оказалась слишком глубокой для наложения швов; ее нужно было регулярно заматывать. Шрам все еще остался на руке Гэри. Это действительно было злобное нападение!

Оказалось, что будут некоторые интересные реакции на «Помазанную Воду» со стороны тех, кто пригласил нас помолиться. В конце долгого путешествия по воздуху на другой конец света находилась бывшая исправительная колония на острове Сахалин между материковой частью азиатской части России и Японией. Когда мы готовились к встрече, мы поняли, что в соседней комнате идет оживленная дискуссия между пастором и другими лидерами. «А что насчет этой воды? Действительно ли Бог использует это? Насколько это разумно с богословской точки зрения?» Было не ясно, разрешат ли нам молиться с водой, но, слава Богу, мы смогли объяснить, что это «все о Иисусе» — вода просто являлась посредником, символом помощи для веры людям — и они согласились довериться нам.

Русский госпел исполнитель из США был приглашен помочь провести наше служение. Ему не сказали ни о нас, ни нам о нем. Это была забавная ситуация, но Бог все контролировал. Евангельский исполнитель оказался очень полезен, и полностью принял участие в служении, выступая в качестве переводчика некоторых особо ярких свидетельств. На следующий день вместе с пастором, который отстаивал свою позицию в служении «Помазанной Воды», мы все пошли на снежный пляж. Там мы записали на видео приветствия от служителей церкви которые они передали зрителям «Emmanuel TV».

На небольшой встрече в Украине нашим переводчиком был импозантный джентльмен с распущенной черной бородой. Сначала он тепло поприветствовал нас, но, когда наступил момент служения, и мы показали пояснительный видеоролик о «Помазанной Воде», который мы показывали везде, куда ни приезжали, он отреагировал странно. Сидя впереди, он показательно встал, когда в кадре появился Т. Б. Джошуа, демонстрирующий молитву исцеления с помощью воды, посмотрел на нас и вышел. Больше мы его не видели. Что случилось? Это в действительности было духовной реакцией на работу Бога на экране. Пастор, пригласившей нас в церкви не говорил по-английски, но одна сестра из команды организаторов встречи, немного владела английским языком, и она

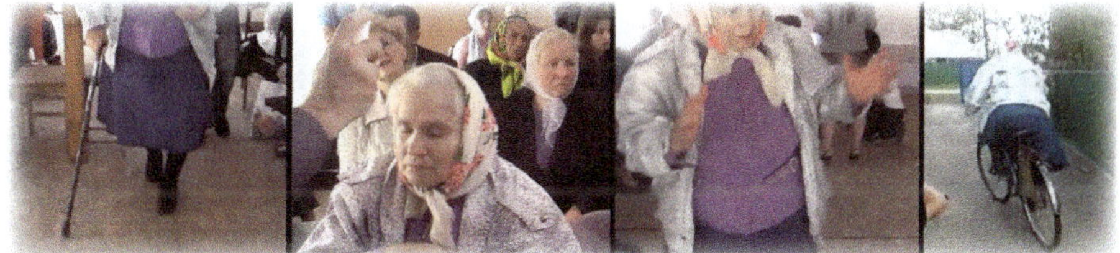

заменила нашего переводчика как ни в чем не бывало. Встреча продолжилась и закончилась тем, что Раиса, пожилая женщина (бабушка), пришедшая на служение с тростью, выбросила трость и счастливо уехала домой на велосипеде!

На встрече в Великобритании присутствовала спокойная дама безупречных манер. Мы знали о ней, потому что провели с ней час, когда она делилась своими опасениями по поводу своего ребенка; она казалась возможно самой милой леди. Перенесемся к молитвенной очереди, и с первой струей «Помозанной Воды» и упоминанием имени, которое превыше всех имен, имени Иисуса Христа, мы столкнулись с другим человеком. Крича, она отреагировала в ответ выпустив длинную тираду нецензурной лексики и извращенных обвинений: «Ты злой блудник, я знаю о тебе все». Крича и крича, женщина решительно двинулась вперед. Что происходило? Пришло время для молитвенной очереди, и средством, которое использовал Святой Дух для отделения света от тьмы, была «Помазанная Вода». Она чудесным образом была освобождена от демона, мучившего ее и ее семью.

Другие Свидетельства «Помозанной Воды»

Свидетельства о работе Бога посредством «Помозанной Воды» станут постоянной рубрикой прямых трансляций служений Церкви «Синагога» на «Emmanuel TV». Один молодой человек из США (страны, страдающей от чрезмерного количества смертей от опиоидных наркотиков и алкоголя) описал свою историю в драматической инсценировке, показанной по телеканалу «Emmanuel TV».

Когда молодой человек по имени Крис столкнулся с жизненными

Удаленное Участие в Общей Молитве

превратностями, потерей работы, несчастливым детством, бедностью и неудачными отношениями, он начал много пить и передозировался таблетками. Он оказался в реанимации, но к счастью остался в живых.

Затем его жизнь получила новый старт – его познакомили с телеканалом «Эммануил ТВ», и он начал смотреть библейское учение и присоединяться к общей молитве во время служений в прямом эфире.

Что случилось дальше? Рассказывает Крис:

«Я встретил евангелиста из Церкви «Синагога». Она дала мне бутылочку новой «Утренней Воды» Пророка Т. Б. Джошуа. Вернувшись домой, я начал служить ею себе и применять ее к себе каждый день, веря Богу в исцеление и освобождение. И я получил исцеление. Через пару месяцев я смог выбросить все таблетки. Вот уже почти шесть лет я не принимаю лекарства. Теперь я чувствую себя свободно и хорошо. Раньше я был подавлен и склонен к суициду. Теперь я работаю со многими детьми, которые выросли в трудностях, как и я. Мы кормим бездомных, помогаем пожилым людям и делаем большие дела служения. Я так благодарен и признателен за то, что Бог использовал Пророка Т. Б. Джошуа, чтобы принести «Утреннюю Воду» в мою жизнь, исцелить и избавить меня. Если Бог может сделать это для меня, Он может сделать это для вас».[41]

В январе 2021 года было выпущено некоторое количество «Новой Помозанной Воды». Партнеры «Emmanuel TV» по всему миру получат эту «Новую Помазанную Воду» в качестве подарка и будут служить ею, часто посредством видеозвонков по телефону больным в других странах, следуя примеру веры. Вскоре свидетельства будут накапливаться, и вера все большего числа людей будет

---

41   Транслировалось на «Emmanuel TV» в 2020 г. Подтверждено в личном общением.

укрепляться, не говоря уже о многих исцеленных, освобожденных и благословленных жизнях.

Вдохновленные поддержкой Т. Б. Джошуа «Новой Помозанной Воды» с «Молитвенной горы» и просмотром волнующих видеосвидетельств, поступающих из разных стран, некоторые партнеры «Emmanuel TV» приложили свою веру к работе. Они брызнули водой на экран телефона во время разговора с женщиной из другой русскоязычной страны, которая стремительно теряла вес и энергию. Каждый раз, когда она ела обычную пищу, у нее возникали тяжелые аллергические реакции.

Молитвенное служение записывалось поэтому ее реакция попала на всеобщее обозрение. С проявлениями она упала на пол, с непреодолимым желанием «извергнуть» нечто изнутри себя.

Встав на ноги и отерев рот, Татьяна из Крыма поняла — что-то случилось. Ободренная, она приготовила обычную еду из овощей и рыбы, первую за много недель, и, слава Господу,

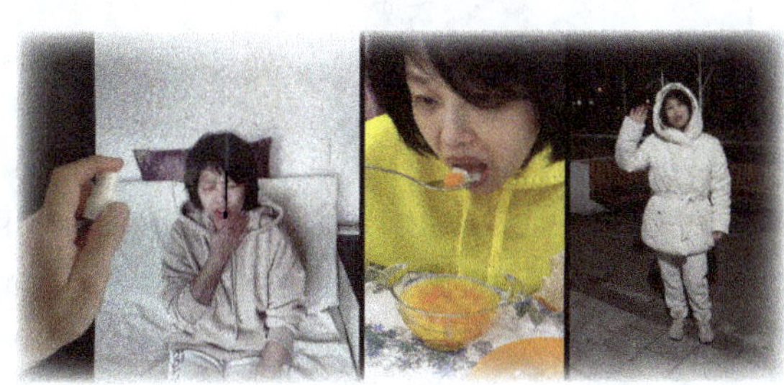

Свидетельство Исцеления с Крыма

не испытала никаких аллергических реакций. Она продолжала нормально есть и испытала удовольствие от того, что смогла снова ходить.

Служения «Плод Чрева»

Во время одного из продолжительных периодов проживания в Церкви «Синагога» было два больших собрания «Плод Чрева». 5 декабря 2008 года аудитория была заполнена парами, которые потенциально могли ожидать детей, и теми, кто уже ожидал, чтобы помолиться о благополучных родах.

Одна подающая надежды пара, г-н Пьиетер и его жена из Южной Африки с задокументированной медицинской историей длительного бесплодия, были среди иностранных гостей. Они получили молитву, но, прежде чем двинуться дальше, Т. Б. Джошуа сначала подошел к украшенному сосуду перед алтарем. Там лежали свежие фрукты, которые клали туда перед каждым служением. Взяв немного этого «помазанного плода», он дал его супружеской паре, чтобы вдохновить в них веру.

Свидетельство Последовавшее Служению «Плод Чрева» в 2008 г. в Церкви «Синагога».

Вернувшись на родину, они смогли зачать естественным путем и были рады объявить о своей беременности. Все шло хорошо, и они приветствовали своего прекрасного мальчика еще до окончания 2009 года. В 2010 году они приехали показать своего ребенка всем, а также были в сопровождении других членов семьи. Во время своего первого визита в Церковь «Синагога» можно было увидеть, как малыш с интересом наблюдает за ходом воскресного богослужения, в то время как его родители публично прославляют Бога за такой славный ответ на молитву.

Собрание «Плода Черва» в 2009 году началось со времени, посвященному услышать свидетельства прошлого года и увидеть чудесных младенцев на руках у их матерей. Примечательно оно было тем, что Т. Б. Джошуа можно было увидеть в большом шарфе (мантии). Он передавал мантию от человека к человеку; некоторые странно реагировали на это и даже падали на пол. Многие вернулись в ближайшие месяцы со своими свидетельствами об ответах на молитвы после того собрания. В самом деле, мы увидели, что Бог может использовать любое средство.

Помазанные Предметы в Библии

После искренней молитвы и желании помазания в его жизни, чтобы достичь большего числа людей, Т. Б. Джошуа начал использовать различные «помазанные предметы» и использовал их в течение более 25 лет.

Важны не сами предметы, а помазание. Наш многолетний опыт использования этих помазанных предметов научил нас ценить, то, что «много могут усиленные молитвы праведного» (Иакова 5.16). вместо того, чтобы искать какое-либо очередное богословие. Сила Божья, которую мы испытали, например, в молитве «Помазанной Водой» на другом от Нигерии конце мира, снова и снова доказывала нам, что вода ничем не отличается от опоясаний, посылаемых апостолом Павлом (Деяния 19:11).

Бог может использовать любое средство:

- В Деяниях 19:11–12 Бог использовал платки и опоясания Павла для исцеления больных.

- В Исход 14:16 Бог использовал посох Моисея, чтобы разделить Красное море.

- В Деяниях 3:6 Бог использовал голос Своих слуг, Петра и Иоанна, чтобы поднять хромого человека.

- В 4 Царств 5:14 Бог использовал грязную реку, чтобы исцелить Неемана.

- В Деяниях 2:1–2 Бог проявил Себя через звук во время Пятидесятницы.

- В 1 Царств 17:49 Бог использовал пращу Давида, чтобы победить гигантского Голиафа.

- В Иоанна 9:6–7 Иисус использовал грязь и слюну, чтобы исцелить слепого.

- В Деяниях 5:15–16 Бог использовал тень Петра для исцеления больных.

До того, как была представлена «Помазанная Вода», служение уже использовало, например, песок, ароматическое масло, помазанные носовые платки, брелки с выгравированными отрывками

Священного Писания, наклейки, конспекты проповеди и алтарь в церковном зале служений в качестве так называемых «точек соприкосновения», чтобы помочь вере людей соединиться с силой Бога.

Один из таких предметов — брелок с написанными на нем отрывками из Священных Писаний, стал причиной сильного свидетельства у Фионы.

Брелок находился в маленькой машине, в которой я ехала, когда 31 января 2003 года машина столкнулась с огромным грузовиком, за день до того, как я должна была взять с собой небольшую группу для посещения Церкви «Синагога». Я только помню, как машина взлетела в воздух, трижды перевернулась и почти осторожно приземлилась на внешней полосе оживленной автострады. Службе экстренной помощи пришлось разрезать металл что бы вызволить меня, но в остальном (за исключение нескольких синяков) я не пострадала, и никто больше не пострадал.

Подобные свидетельства о защите Бога от автомобильных аварий, в частности, с использованием «Помозанной Воды», будут частыми.

Одно раннее видео, которое регулярно показывалось посетителям церкви, описывало ситуацию, в которой одна из записей еженедельных церковных проповедей служила помазанным объектом. Мать с недавно родившимся ребенком, который, по всей видимости, родился мертвым, приехала в Церковь «Синагога» на такси. Когда запись с проповедью была помещена на крохотное тельце, можно было видеть, как безжизненная плоть оживает и приобретает тепло и розовый румянец, когда ребенок начал оживать.

Впоследствии были и другие «точки соприкосновения»: краны для подачи «живой воды» на церковном алтаре, браслеты веры, «Карточка верующих», прикосновение к экрану во время прямой трансляции общей молитвы на воскресных богослужениях и при просмотре онлайн-видео клипов, а также традиционное «возложение рук» Т. Б. Джошуа и других Божьих служителей, находящихся на обучении в Церкви «Синагога». Совсем недавно появилась интерактивная молитва «на расстоянии» со студии «Emmanuel TV».

Были ли все эти вещи спорными? Конечно, но обычно это происходило, когда помазанному объекту уделялось слишком много внимания. Как сказано в буклете, который был предоставлен посетителям в дополнение к «Утренней Воде»:

«Помазанная Вода» — это просто символ, а не сама сила. Не вода исцеляет, освобождает, благословляет и спасает, а Сам Всемогущий Бог, поскольку помазание совершается во имя Его.

Прежде чем служить Помазанной Водой, как в молящемся, так и в человеке, за кого молятся, должна быть вера.

Евангелист Билл Сабрицки из Новой Зеландии был одним из первых иностранных посетителей церкви «Синагога». Он пригласил туда группу служителей, чтобы увидеть силу Божью и что бы они могли сами решить для себя что думать об этом месте. В то время проводилось ежемесячное служение, известное как «Кровь Иисуса», на котором Пророк Т. Б. Джошуа молился, а затем помазывал водопроводные краны и воду, вытекающую из них, и люди приходили, чтобы прикоснуться к воде или выпить ее, веря в чудо.

В ответ на различные богословские критические замечания, которые он получил по поводу этого явления, он писал:

«Доказательством их веры является их немедленное освобождение от демонической власти. Эта вера в силу крови Иисуса похожа на веру тех, на кого возлагали опоясания с тела Павла. Благодаря силе крови демоны покинули людей, и они были исцелены. Из Священного Писания ясно, что Бог по Своей благодати и милости может использовать неодушевленные предметы, такие как молитвенную ткань и воду для освобождения и исцеления. Мы видим доказательство этого в прикосновении Иисуса ко гробу, когда сын вдовы воскрес из мертвых. Мы видим это в силе, которая была накоплена в Его одежде и в силе в водах купальни Вифезда. В глине, которую Иисус наложил на глаз слепого, была сила, и сила была в Его слюне, когда Он возложил ее на глаза слепого. Когда Нееман исцелился, в водах Иордана была сила. Точно так же сила была в костях умершего Елисея, когда мертвый, прикоснувшийся к ним, был оживлен. В мантии Илии была сила, и в волосах Самсона была сила. Была сила также в жезле Моисея, когда он превратился в змея. В жезле Аарона была сила, когда он коснулся праха, и прах превратился во мошек».[42]

Мы видели, что в реальность использование помазанных предметов, и особенно «Помозанной Воды», позволило Божьему помазанию пребывавшему на жизни Т. Б. Джошуа, достигнуть гораздо больше людей и мест, чем это было бы возможно иначе. Это также дало тем, кто служит водой для исцеления и освобождения других, некоторый опыт «работы со Святым Духом», чтобы потенциально помочь им духовно возрасти, и получать и поддерживать больше помазания в самих себе.

Печать А. А. Аллена

Во время путешествий и встреч в Америке нам посчастливилось встретиться с дедушкой веры, пожилым исцеляющим евангелистом К.С. Апдегрувом, чье служение длилось более 55 лет. Он работал в тесном сотрудничестве со многими известными исцеляющими евангелистами Америки 1950-х годов, особенно с А. А. Алленом в его церкви в «Долине чудес». Познакомленный со служением Т. Б. Джошуа его дочерью, он начал смотреть «Emmanuel TV». Удивленный увиденным, он впоследствии принял приглашение Т. Б. Джошуа проделать долгий путь в Африку (континент, который он никогда не посещал), чтобы посетить Церковь «Синагога».

В ходе визита у этой «живой легенды» было две замечательных возможности, чтобы учить на основе своего многолетнего опыта и мудрости Божьей работы в его жизни. К. С. Апдегрув рассказал о «генерале Божьем» из прошлого, А. А. Аллене, который получал так много молитвенных просьб и хотел ответить на все просьбы лично, что изготовил печать со своей личной подписью (фирменную печать). Объясняя дальше, он сказал всем, кто находился в церкви и смотрел «Emmanuel TV»:

---

42 Чудеса Т. Б. Джошуа, Веб-сайт Dove Ministries.

«Когда мне подарили ее, я сказал: «Дух Господа все еще в этой печати». Я сказал вам, что Бог может использовать все, что угодно — он может использовать палки и камни, кости мертвецов; он использует воду. Он использует тени, и Он использовал эту печать в руках А. А. Аллена. И когда она была передана мне, я дорожил ею и бережно ее хранил. Мои дети сказали: «Папа, оставь ее нам». Я сказал: «Нет, это не передается по наследству. Это нужно передать другому пророку Божьему».[43]

Прошли годы. Печать по-прежнему оставалась в его распоряжении до того момента, когда К. С. Апдегрув благоговейно передал ее Пророку Т. Б. Джошуа во время воскресного богослужения в пасхальное воскресенье 8 апреля 2012 года.

К. С. Апдегрув Вручает Т. Б. Джошуа Печать с Подписью А. А. Алена

Он описал, как А. А. Аллен пророчествовал ему перед смертью:

«Однажды я ехал в машине с А. А. Алленом, он посмотрел на меня и сказал: «Брат Апдегрув, возможно, я уже больше не буду в живых, когда это произойдет, но я верю, что ты будешь жить». И он начал описывать это место. Он начал говорить о человеке, который ходит под помазанием и силой Всемогущего Бога. Далее он описал все чудеса, свидетелем которых я стал с тех пор, как оказался здесь».[44]

Действительно, когда он динамично проповедовал, можно было видеть, как его сила заметно возрастает, поскольку он призывал всех присутствующих жить выше страха, сомнений, осуждения и неверия. Позже, в полнометражном интервью с командой евангелистов, он подробно поделится всем своим опытом труда для Господа и еще раз выразит радость от встречи с Т. Б. Джошуа при

---

43   Божий генерал К.С. Апдегрув посетил пророка Т. Б. Джошуа в Церкви «Синагога». Канал CS Upthegrove на YouTube, 11 сентября 2013 г.

44   Там же.

его жизни.

Источник Силы

Эту силу Бога нельзя использовать по собственному желанию; только под водительством Святого Духа, третьей личности Троицы. Бог использует «подходящих» людей, которые доступны Богу Его путем, не нашим.

Есть тайна в том, как действует Святой Дух. Однако есть доказательство «более глубоких» отношений с Богом в том, что Т. Б. Джошуа провел большую часть своей жизни в молитве, чтобы сохранить помазание, которое он получил от Бога, в окружении природы на «Молитвенной горе». Он часто говорил: «Я предаю себя молитве». (Псалом 108:4)

Вода и любые другие помазанные предметы хранятся у алтаря с молитвенными воинами на «Молитвенной горе», покрываемые и пропитываемые молитвой.

Многие люди приезжают в Церковь «Синагога» в поисках силы или помазания для своего служения. Они действительно получают наделение силой, но удержание требует большей посвященности и преданности. Как Пророк Т. Б. Джошуа объяснил группе иностранных пасторов в 2000 году:

> «Каждый может получить Святого Духа, но Бог смотрит на ваше будущее. Задача в том, чтобы сохранить то, что мы получили. Лучше не получать Святого Духа, чем получить и потом потерять Его.
>
> Подготовили ли вы каждую сферу своей жизни для Святого Духа?
>
> Чтобы поддерживать помазание, войдите в завет с Богом, будьте смиренными, послушными и верными во всем до мельчайших деталей. Это между вами и Богом. Нам нужно быть более посвященными Богу; нам нужно быть более серьезными в своем отношении».[45]

---

45 Святой Дух, Божественная лекция 4 VHS кассета Ц. «Синагога», 2000 г.

Он также объяснил, что мы должны быть утверждены на Слове Божьем — Библии, прежде чем получить помазание Святого Духа:

> «Я встречаю много людей, выражающих желание быть наполненными Духом; Я приветствую это желание, но есть проблема. Основная проблема в том, что вы должны быть утверждены на Слове, прежде чем вы наполнитесь Духом, иначе Духу не о чем будет напоминать вам — вы будете пусты».[46]

> «Если вы хотите жить в Духе, продолжайте пребывать в Слове. Полностью пропитайтесь Писанием, и вы увидите, как Святой Дух наполнит вас до избытка».[47]

В имени Иисуса есть сила! Это имя может заставить демонические силы отпрянуть и бежать, но при правильном использовании.

> «Имя Иисуса Христа действительно имеет силу, но только для тех, кто посвящен славе Божьей».

Поспешная молитва и возложение рук могут быть опасны, как ясно показано в этом отрывке из Библии:

> «Бог же творил немало чудес руками Павла, так что на больных возлагали платки и опоясания с тела его, и у них прекращались болезни, и злые духи выходили из них. Даже некоторые из скитающихся Иудейских заклинателей стали употреблять над имеющими злых духов имя Господа Иисуса, говоря: заклинаем вас Иисусом, Которого Павел проповедует. Это делали какие-то семь сынов Иудейского первосвященника Скевы. Но злой дух сказал в ответ: Иисуса знаю, и Павел мне известен, а вы кто? И бросился на них человек, в котором был злой дух, и, одолев их, взял над ними такую силу, что они, нагие и избитые, выбежали из того дома. Это сделалось известно всем живущим в Ефесе Иудеям и Еллинам, и напал страх на всех их, и величаемо было имя Господа Иисуса». (Деяния 19:11–17)

Т. Б. Джошуа объясняет, что семь сыновей Скевы являются для

---

46 *Сила свыше*, запись проповеди (MPG) Ц. «Синагога», основанная на воскресной проповеди 3 апреля 2016 г.

47 *Как исполниться Святым Духом*, Т. Б. Джошуа, 9 сентября 2018 г., воскресное богослужение.

нас примером тех, кто исповедует приверженность или близость ко Христу по плоти, оставаясь неизменными в сердце и жизни. До определенного момента дела могут идти хорошо, но однажды придет «жесткое противодействие»: *«Иисуса, я знаю, и Павла, знаю, а кто ты?»* что означает: «Какой властью? Какую власть ты имеешь, чтобы повелевать нам? Кто дал тебе такую власть? Какое право ты имеешь провозглашать власть Иисуса, если ты не подчиняешься Его указаниям?»

Итак, мы узнаем, что имя Иисуса действительно имеет силу в наших устах только тогда, когда оно укоренено в нашем сердце.

Понимание этих реалий привело к тому, что мы испытали большое изменение в понимании христианского богословия в сравнении с нашей предыдущей «современной харизматической» точкой зрения. Например, мы увидели, что нельзя разделять плоды и дары Святого Духа. Популярная иллюстрация того, что дары Святого Духа подобны подаркам, висящим на рождественской елке, а плоды подобны фруктам, растущим на фруктовом дереве — бесполезна и не отражает реальности. Скорее, плоды — это все вместе. Сверхъестественный дар может выглядеть так же внешне, но если он сопровождается плодами плоти, то он исходит от сатаны, а если он сопровождается плодами Святого Духа, то он исходит от Святого Духа.

Пример Апостола Павла

«Книга Деяний это не просто история, это план того какой Христос желает видеть Его церковь сегодня».

В книге Деяний нам с некоторыми подробностями рассказывается история неоднозначного Апостола. Это не Святой Павел на знаменитых базиликах в Риме, или прекрасных религиозных картинах в музеях Западной Европы, праздников, и даже не из хорошо известного трактата о любви в Первом послании Коринфянам, который читают на многих свадьбах. Это «грубый» Павел, который дал понять, что *«признаки апостола оказались перед вами всяким терпением, знамениями, чудесами и силами».* (2 Коринфянам 12:12)

У него не было мега-церкви, и многие люди выступали против его служения. В конце своей жизни этот ученик Иисуса, который описывает себя как рожденного «вне времени», все еще оставался неоднозначным персонажем, которого верующие часто предавали и выступали против. Во 2 Тимофею 1:15 Павел говорит: *«ты знаешь, что все Асийские оставили меня»*.

Павлу были предъявлены ложные обвинения, включая конкретное обвинение в том, что он привел греков (язычников) в храм и осквернил его. Верующие иудеи в Иерусалиме поощряли Павла исполнить некоторые традиционные аспекты иудейской религии, которые должны были развеять любые слухи против него посредством церемониального очищения в храме. Тем не менее, несмотря на это, были ложные обвинения в том, что он осквернил храм, затащив внутрь верующего греческого язычника. Это ложное обвинение упоминается много раз. В 24-й главе Деяний власти приводят Павла к правителю по имени Феликс. Столкнувшись с обвинениями и угрозой смертной казни, он спокойно отвечает, ссылаясь на Иисуса Христа:

«Но в том признаюсь тебе, что по учению, которое они называют ересью, я действительно служу Богу отцов моих». (стих 14)

Стихи 5 и 6 приводят нам пример того, как против него были выдвинуты ложные обвинение:

«Найдя сего человека язвою общества, возбудителем мятежа между Иудеями, живущими по вселенной, и представителем Назорейской ереси, который отважился даже осквернить храм, мы взяли его и хотели судить его по нашему закону».

Апостол Павел с самого начала своего откровения о Иисусе Христе знал, что ему предстоит страдать за Него. Заключенный в Риме, приговоренным к смертной казни, он ожидал мученической смерти. В книге Деяний говорится, что Павел стремился использовать Священные Писания того времени (то, что христиане теперь называют Ветхим Заветом), чтобы убедить евреев в Риме, которые посещали его, выслушать его утверждения в свою защиту. Когда он был переведен под домашний арест в Рим, где ему предстояло провести последние годы своей жизни под приговором, евреи пришли послушать его, по причине того, что как сказано в Деяниях 28:22:

«...ибо известно нам, что об этом учении везде спорят».

Этот противоречивый верующий, который пережил радикальную встречу с Иисусом Христом по дороге в Дамаск, как мы знаем, в итоге был обезглавлен во время гонений на христиан в Риме.

На этом история не закончилась. Апостол Павел написал знаменитые письма-послания, которые вошли в канон Священного Писания. Четырнадцать из двадцати семи книг Нового Завета традиционно приписываются авторству апостола Павла. Сегодня эти послания (письма) остаются жизненно важными богословскими учениями, руководствами для богослужений и пасторской жизни во всех христианских традициях.

Однако лишь через три столетия после смерти Павла на Синоде в Гиппоне в 393 году н. э. помазание на учении апостола Павла было официально признано через включение этих посланий в канон Священного Писания. Теперь, оглядываясь назад, нам легко увидеть значение писаний Павла, но в то время это было не так очевидно.

Деяния 19:11,12 говорит нам что:

«Бог же творил немало чудес руками Павла, так что на больных возлагали платки и опоясания с тела его, и у них прекращались болезни, и злые духи выходили из них».

Таким образом, помимо противоречий и преследований, в том, как Бог использовал помазанные предметы, которых коснулся Апостол, есть сходство между его служением и служением Пророка Т. Б. Джошуа.

Апостол Павел получил иное поручение от Святого Духа, нежели апостолы в Иерусалиме, и это, как говорит нам Библия, вызывало конфликты и недопонимания. Послание Евангелия должно было быть принесено язычникам, но в то время многие последователи «Пути» сосредотачивались только на верующих евреях.

Оглядываясь назад сквозь века, мы благодарны апостолу Павлу за то, что он принял решение не ограничиваться своей культурой и воспитанием, но был послушен Святому Поручению.

Т. Б. Джошуа сказал:

> «То, что люди не понимают, на то они навешивают ярлыки; то, что они понимают, они разрушают. Я молюсь что бы люди не понимали вас».

Читайте Библию, Читайте Святой Дух

Очень важно иметь духовное понимание Библии. Библия не похожа ни на одну другую книгу. Т. Б. Джошуа объяснил, что любой может зайти в книжный магазин и имея немного денег купить Библию, но святость, содержащаяся в Библии, не покупается. И Библию нельзя понять, как учебник химии или истории. К чтению Слова Божьего нужно подходить со смиренным и искренним сердцем.

Эта глава заканчивается следующей проповедью, более полно объясняющей жизненно важное отношения между Библией и Святым Духом.

ЧИТАЙТЕ БИБЛИЮ, ЧИТАЙТЕ СВЯТОЙ ДУХ

Т. Б. Джошуа, Церковъ «Синагога» Воскресное Служение, 1 июля 2018 г.

2 Петра 1:20–21 — *«Зная прежде всего то, что никакого пророчества в Писании нельзя разрешить самому собою. Ибо никогда пророчество не было произносимо по воле человеческой, но изрекали его святые Божии человеки, будучи движимы Духом Святым».*

Святая Библия — основание нашей христианской жизни. Но с нашим подходом к Библии сегодня легко увидеть, что мы не понимаем разницы между Библией и другими книгами; мы не знаем разницы между Библией и историей, химией или литературой. Мы просто считаем, что должны читать ее, как любую другую книгу.

Но сама Библия — это письмо, вдохновленное Духом Божьим. Подобно тому, как Господь вдохнул Свой Дух в определенных людей, так Он вдохнул Свой Дух в определенные книги. Поэтому, когда вы читаете Библию, вы читаете Святой Дух.

Святые люди были направляемы Духом Божьим, когда говорили послание, пришедшее от Бога. Если вы читаете Библию, вы должны быть направляемы Святым Духом. Когда мы молимся и читаем без какого-либо внимания и уважения к Святому Духу, мы не даем Ему занимать то место, которое принадлежит Ему по праву, зная, насколько Он важен для нас. Когда вы читаете без внимания к Святому Духу, это не имеет для вас никакого значения, потому что вы читаете историю, события, то, что произошло в Иерусалиме, что случилось с Иеремией, что случилось с Иисусом Христом.

Святой Дух — самый чувствительный и его легко ранить из-за недостатка внимания и должного почтения. Бог есть Дух, и поклоняющиеся Ему должны поклоняться Ему в духе и истине. Прежде чем читать Библию, мы должны привлечь внимание Святого Духа, потому что Библия — это инструмент в руках Святого Духа.

Бог говорит с нами через Свое Слово, через Свой Дух. Он призывает вас через Свое Слово, через Свой Дух. Он шепчет вам через Свое Слово, через Свой Дух. Он приветствует вас Своим Словом, Своим Духом.

Римлянам 9:1 — *«Истину говорю во Христе, не лгу, свидетельствует мне совесть моя в Духе Святом».*

Это означает, что Святой Дух является коммуникатором, а наше сердце — точкой соприкосновения. Святой Дух не может общаться с сердцем, полным горечи, непрощения, ненависти или плохих чувств по отношению к другим. Вы можете прочитать Библию 100 раз, но пока вы в гневе на кого-либо, Библия не имеет для вас никакого значения. Мы очень хорошо умеем читать Библию, но Бог не обязательно вознаграждает самых хороших, умных, проницательных или богатых людей. Он вознаграждает послушных людей, кто делает Слово Божье основой своей жизни.

Видите ли вы, откуда приходят ваши вызовы и проблемы, почему вы не можете пригласить Святого Духа в свое сердце? Без Библии, как вы попадете к Богу, как получите доступ к Богу или поговорите с Богом? Без Библии нет христианства, нет дитя Божьего, нет верующего, нет рожденного свыше. Библия — наш стандарт, наш пример для подражания.

Спросите себя: «Почему Библия не оживает для некоторых из нас в наши дни?» Библия больше не может ожить из-за нашего непрощения, горечи, зависти, ревности и плохих чувств по отношению к другим. Ожить — значит понять и знать, что необходимо читать о спасении, исцелении, освобождении и всех Божьих благословениях.

Как Библия может стать для нас реальностью? Читайте Библию как можно чаще; продолжайте размышлять над ней, пока она не станет для вас реальностью; читайте медленно, многократно и внимательно. Этот процесс не похож на чтение любой другой книги. Когда вы читаете Библию, отложите в сторону все свои знания; ваш дух должен действовать согласно Слову, чтобы стать частью Слова, потому что Слово Божье обновляет наш разум, а Дух Божий обновляет нашу силу. Даже если ваше сознание может отвергнет это, позвольте вашему сердцу жаждать. Иисусу нужно ваше сердце — это место соприкосновения.

Всем сердцам, находящимся в рабстве непрощения, рабстве зависти, рабстве ревности, я говорю — освободите свой дух, чтобы он мог следовать за Ним.

Поступайте как наставляет Христос в Матфея 5:23–24:

«Итак, если ты принесешь дар твой к жертвеннику и там вспомнишь, что брат твой имеет что- нибудь против тебя, оставь там дар твой пред жертвенником, и пойди прежде примирись с братом твоим, и тогда приди и принеси дар твой».

Без освобожденного сердца вы будете призывать Бога, которого не знаете, и ваше чтение Библии не будет иметь смысла.

Пророк На Горе

«Разве ты не знаешь? разве ты не слышал, что вечный Господь Бог, сотворивший концы земли, не утомляется и не изнемогает? разум Его неисследим. Он дает утомленному силу, и изнемогшему дарует крепость. Утомляются и юноши и ослабевают, и молодые люди падают, а надеющиеся на Господа обновятся в силе: поднимут крылья, как орлы, потекут — и не устанут, пойдут — и не утомятся». (Исаия 40:28–31)

Откуда берется сила, чтобы пробежать дистанцию жизни до конца? От ожидания Господа. Жизнь — это марафон, а не спринт.

Т. Б. Джошуа на Молитвенной Горе в Провинции Ондо

После молитвы на «Молитвенной горе» в провинции Ондо

недалеко от своей деревни Т. Б. Джошуа обратился к телезрителям «Emmanuel TV» с горы 30 декабря 2020 года, отметив важность пребывания по обыкновению рядом с природой.

«У каждого праведного человека выработаны прекрасные привычки. Привычка — это дар от Бога. С самого начала своего служения я был рядом с природой. Природа усиливает духовность.

Даниил молился три раза в день на коленях (Даниила 6:10).

Псалмопевец молился семь раз в день (Псалом 118:164).

Ученики Иисуса Христа молились в первый день каждой недели (Деяния 20:7).

Это были их привычки».

Молитвенная Гора

«У тебя будет своя Молитвенная гора». Такое указание пришло во время посещения Пророка Т. Б. Джошуа Иисусом во время 40-дневного поста в 1987 году на физической горе, где он раньше молился, недалеко от своего родного города в провинции Ондо.

Джунгли («кустарники»), пропитанные пометом животных, обвитые паутиной, обласканные влажной жарой огромные листья и зеленая растительность. Насекомые и птицы, обезьяны и туканы, тропические дожди и грозы, бамбуковые хижины и незамысловатые лодочки. Эта нетронутая земля на окраине мегаполиса Лагос примет у себя первую молитвенную хижину и скромную обитель, где человек Божий, одетый в простую белую одежду, будет часами днем и ночью проводить в молитве перед Господом Богом, Который дал ему такую особенную судьбу и призвание. Древние святые и отшельники искали уединенные места, именно с таких уединенных мест они служили.

Из этого места, близкого к природе, но в то же время невдалеке от людей в 1989 году была основана церковь. К 1994 году церковь переехала на свое нынешнее место, чуть менее чем в двух милях. Т. Б. Джошуа путешествовал к «старому месту», ныне известному как «Молитвенная гора», и обратно, часто по много раз в день. На самом деле оно было названо так, потому что оно действительно являлось «духовной горой».

Он возвращался к простоте и уединению «Молитвенной горы», чтобы быть с Богом на природе, будь то после служения в главной аудитории церкви с тысячами посетителей из более чем 50 различных стран или с одного из стадионных собраний в других странах.

Человек молитвы. Именно так новости о Т. Б. Джошуа и библейских чудесах пересекали океаны. «Есть брат-христианин в Лагосе, Нигерия; он просто живет на болоте среди кустарников. Святой Дух направляет его, за кого молиться, он видит это в видениях. Они называют его пророком, потому что он говорит точные слова от Бога».

Международные посетители Церкви «Синагога» собирались, чтобы сесть в автобус. С самого первого момента прибытия они спрашивали: «Можем ли мы поехать на «Молитвенную гору»?» Ответы звучали загадочно: «Как велит Святой Дух». Но теперь мы шли, петляя по многолюдным улицам, где повсюду что-то покупали и продавали. Пройдя по деревянной дорожке-мосту, мы подошли к джунглям, водной территории, отвоеванной у болота и первому «Островку Милосердия» с песком. Мы взяли небольшую лодку что бы проплыть внутрь, увидели необъятность внешнего и проблеск необъятного духовного видения.

Фиона Наслаждается Визитом «Молитвенной Горы» в 2004 г.

Наслаждаясь возможностью отправиться на «Молитвенную гору», посетители находили как расположиться на песке и просили Божьей милости и благоволения. Это было не время для громких слов и мольбы, но для Слова Божьего, пронизывающего сердца и умы.

В этом месте, читая Библию с открытым сердцем, стихи как бы выскакивали со страниц, подобно всполохам огня, становясь духовной пищей, вкушаемой и дающей подкрепление, чтобы помочь позже снова вернуться в мир труда и забот.

Прогуливаясь по «Молитвенному Саду», когда деревья начинали цвести, все мысли о непрощении улетучивались. Это был могущественней духовный храм, в котором оживала Молитва Господня.

«Хлеб наш насущный дай нам на сей день; и прости нам долги наши, как и мы прощаем должникам нашим; и не введи нас в искушение, но избавь нас от лукавого. Ибо Твое есть Царство и сила и слава вовеки. Аминь». (Матфея 6:11–13)

Молитвенные Бдения

С самых ранних времен члены церкви собирались на «старом месте» для ночных бдений. Из этих первых членов церкви возрастут первые воины-молитвенники, которые будет жить отделенной и посвященной жизнью. Они посветят свое время не чтобы производить шум и говорить много слов, а просить Господа Бога Вселенной, Того, Кто был, есть и грядет, защитить и исполнить судьбу этого скромного человека из Аригиди в провинции Ондо.

Действительно, мы заметили, что даже те, кто убирает и чистит территорию «Молитвенной горы», сами посвящают себя молитве, следуя примеру матери Т. Б. Джошуа, которая молилась: «Очисти мою жизнь, как я очищаю твой дом». «Молитвенная гора» — необыкновенное место.

Поскольку членов церкви приглашали и приветствовали на молитву, всегда стоял вопрос, как молиться; что за молитва, в которой мы не просто «произносим слова»? Это не та молитва, которая состоит из «списка покупок», который должен выполнить Бог, или которая мотивирована непосредственно данной ситуацией и ее очевидными потребностями, а скорее молитва о том, чтобы привести наши сердца в соответствие со Словом Божьим.

Прими меня такой, какая я есть, Господи, Ты еще можешь очистить меня

Потому что никто не является слишком хорошим или слишком плохим, чтобы претендовать на спасение

Все, что мне нужно, это твои милость и благоволение

Как ни грязен я, Господи, Ты все еще можешь очистить меня

Не утешай меня, пока не очистишь меня

Пусть Твои милость и благоволение говорят за меня

Создай во мне чистое сердце и обнови во мне верный дух

О Святой Дух, Вдохни в меня, чтобы все мои мысли были святы

О Святой Дух, Действуй во мне, чтобы мои дела тоже были святы

О Святой Дух, Укрепи меня, чтобы защитить все что свято

О Святой Дух, Направь меня, чтобы я всегда мог быть святым

[песня]

Молитва — это ключ; молитва — это ключ

Молитва — это главный ключ

Иисус начал с молитвы и закончил молитвой

Молитва — это главный ключ

Т. Б. Джошуа посещал молитвенные бдения и молился вместе с членами церкви, часто пророчествуя лично разным людям, а также пророчествуя в масштабах страны или в международном масштабе. Мы помним, как были на одном из таких бдений, где он сказал: «Наш новый президент будет носить вот такую «шляпу Байелсы», и указал на одного человека, носящего такую шляпу. Несколько месяцев спустя, когда был избран президент Джонатан Гудлак, его ни разу не видели без его знаменитой шляпы, подтверждающей пророчество Т. Б. Джошуа.

По мере планирования масштабных международных евангелизационных мероприятий (крусейдов) подготовка своей «Молитвенной горы» в разных странах являлась его неотъемлемой частью. Например, в Колумбии Т. Б. Джошуа поднимался на физическую гору с узкой дорогой, там, где перед ним раскинулась природа и простая деревенская хижина, в которой можно было спать. Там человек Божий молился. В своем вступительном слове на пасторской конференции местный организатор особо отметил, как это существенно повлияло на него. Никогда прежде он не встречал иностранного проповедника, который по прибытии хотел, чтобы его отвезли не в отель, чтобы отдохнуть, а на гору, чтобы помолиться.

Призыв С Вершины Горы

Когда мы путешествовали, чтобы помолиться за людей с помощью «Помозанной Воды», любые звонки, которые мы получали от нашего наставника, были священными и обычно осуществлялись с «Молитвенной горы». Это было святое, а не деловое общение. Любой, кто имел честь получить от него телефонный звонок, знает, что это не «обычный» разговор. Как он однажды рассказал во время проповеди, о том, что он слушает инструкции свыше и одновременно говорит: «Привет. Как дела?» Человек Божий принимает жизнь Христа и отдает ее, всегда поддерживая баланс.

Один такой изменяющий жизнь звонок мы получили примерно в 3 часа ночи. В ту ночь после первых богослужений с «Помазанной Водой» в городе Казань в России, мы спали на двухъярусных кроватях в однокомнатной квартире с семьей из четырех человек. Посреди российской ночи зазвонил телефон: «Это доктор Гэри? Дождитесь пожалуйста, сейчас с вами на связи будет человек Божий». Улыбка в голосе нашего наставника достигла нас через многие мили из Африки в России в этой комнате и подготовила почву для остальной части нашего путешествия. Он говорил о присланных нами свидетельствах.

«Я видел, что происходит — это прекрасно. Вам нужно путешествовать по странам и возвращаться иногда что бы взять с собой больше «Помозанной Воды»».

Там, в крохотной комнатке, рядом с двухъярусными кроватями, в 3 часа ночи по российскому времени мы преклонили колени на износившемся ковре, чтобы поблагодарить Бога, и присутствие Святого Духа наполнило комнату. Это было так, как если бы мы были на «Молитвенной горе», слушая библейское учение, или в офисе в церкви с Т. Б. Джошуа.

Через несколько месяцев мы приехали в Ростов-на-Дону и обнаружили, что пастор собрал более 500 человек, включая других пасторов, на четырехдневную конференцию исцеления. Мы посмотрели друг на друга, слегка опешив.

Той ночью нам удалось дозвониться до нашего наставника по телефону и просто сказать: «Здесь так много людей, и они ищут исцеления». Ответ был мгновенным:

«Иисус с вами; все будет так, как если бы Иисус там молился Сам».

Все было в точности, как он сказал. Были свидетельства, как люди бросали трости, начинали сгибать колени без боли из-за артрита, впервые за долгие годы, и многие другие.

Есть нечто, в слове сказанном от всего сердца, под влиянием Духа Божьего. Слова не просто передают информацию, но могут передавать веру и жизнь. В одной из своих проповедей Т. Б. Джошуа дает объяснение о двух «языках», которые мы можем использовать:

> «Есть библейский язык, язык сердца, который Бог использует, чтобы спасти нас, созидать нас, судить и править нами. Есть также ежедневный язык, на котором мы сплетничаем, указываем направление и занимаемся политикой.

> Когда мы используем ежедневный язык, мы не имеем в виду то, что говорим. Но когда мы используем библейский язык, мы имеем в виду именно то, что говорим.

> Люди часто молятся на ежедневном языке, и поэтому все, что они говорят в молитве, кажется непостоянным; их молитва — просто слова.

> Но когда Слово в вашем сердце, оно убережет вас от желания греха. Нам нужно Слово Божье в нашем сердце, чтобы принести Иисуса в нашу ситуацию».[48]

---

48 *«Вера – сердце человека»*, Т. Б. Джошуа, воскресное служение, 16 сентября 2018 г.

Учение в Молитвенной Хижине

Был 2004 год. Мы сидели в маленькой круглой молитвенной хижине с бамбуковой крышей на «Молитвенной горе» с нашими

Молитвенная Хижина на «Молитвенной Горе» в 2004 г.

Библиями. Дверь открылась. К нашему удивлению вошел Т. Б. Джошуа и присоединился к нам. Сидя на полу спиной к стене, он начал рассказывать о примере Даниила в Ветхом Завете. Это не была беседа или деловая дискуссия, а время личного обучения.

Мы возвращались к записям, сделанным, когда он говорил к нам много раз впоследствии. Они оказались пророческими. В самом деле, как он позже учил в воскресной проповеди, пророчество — это не только предсказание будущего, но также проповедь и учение Слову Божьему в силе (силе изменить слушающих).

> «Это тяжелое время, гибельное время, подобное временам Даниила и Седраха, Мисаха и Авденаго. Приближается конец света, когда все, что говорит Библия, сбудется. Но время кризиса — это время удовлетворения в Духе.
>
> Когда вышел указ, недоброжелатели Даниила пошли посмотреть на его реакцию; он все еще открыто молился и благодарил Бога. Даниил не жаловался перед тем, как войти в львиный ров. Он не причитал, не жалел себя и не плакал. Он имел полное право жалеть себя, поскольку был пленником, его отца и матери не было с ним. Но он знал, что прежде, чем золото станет золотом, оно должно пройти через печь.
>
> То же самое с Павлом и Силой: они были жестоко избиты, но не сделали ничего плохого; вы могли подумать о жалости к себе. Они продолжали молиться Богу и вышли из испытания еще сильнее.
>
> Для христиан Бог всегда на шаг впереди. После того, как испытания подтвердили их веру, они стали государственными деятелями. Даниил сидел за столом с царями. Его отношения с Богом вышли

на новый уровень.

У каждого бывают свои тяжелые времена. Например, для г-на «А» это может быть бедность, для г-на «Б» болезнь, для г-на «В» депрессия и для г-на «Г» преследование — различные кризисные ситуации. Если Бог хочет, чтобы г-н «А» испытал бедность, он выйдет сильнее.

Как мы узнаем, что есть воля Бога? Когда мы следуем за Богом в истине и вере, тогда, если что-то случается, это воля Бога. Но если мы в грехе, это не воля Бога.

Если вы боитесь или колеблетесь в испытании, вашим богом станет бог страха или бог сомнения. Даниил знал, что Бог спасет его, поэтому он не роптал. То, чем мы хотим, чтобы Бог стал для нас в испытании, это то, чем в действительности Он является для нас сейчас. Бог хочет, чтобы вы это знали.

На войне бывает много сражений. Если вы одержали победу в одном сражении, это не значит, что вы одержали полную победу. На суде Его зовут «Я тот, кто Я есть» и «Непоколебимый и Заслуживающий Доверия». Бог никогда не избегает кризиса, но видит в нем вызов. Царь увидел четвертого человека в печи, подобного Сыну Божьему.

Бог — Бог огня (Илия на горе Кармил, языки пламени в Пятидесятницу, горящий куст, гора Синай). Его Слово сравнивается с огнем. Лучший способ бороться с огнем (вызовом, испытанием) — это огонь (Слово Божье; Божье присутствие).

Нам нужно время тишины и уединения с собой. Не в доме, где мы сражаемся, а на природе. Размышляйте и смотрите на мир по-другому — место, где можно принимать.

С какими бы трудностями мы ни столкнулись, это поднимает нас на другой уровень. Позвольте Богу выполнять Его работу; не помогайте Ему, имея дополнительные «пути отхода». Если бы у Даниила была альтернатива, никто из них не узнал бы, кто был истинным Богом.

Есть много богов — неверность, недоброжелательность, сомнение, страх. Это злые ангелы, действующие против Бога. Они знают, что вы на «Молитвенной горе», и они не дремлют. Они ищут людей для своего царства тьмы. Итак, мы должны бодрствовать и молиться. Они видят, что люди хотят быть верными, и ищут хоть немного неверности, чтобы войти к ним. Они входят через сомнения, неверность и т. д.

Иисус сказал: «Да минует меня чаша сия», но затем ангел укрепил Его, и он увидел, что так должно быть по воле Божьей, а не Его. Ангелы так же готовы помочь и нам.

Никто не выше ошибок; немедленно покайтесь, тогда не будет никаких записей о соделанном. Не ведется никаких записей против тех, кто сразу осознает свои ошибки. Как сразу распознать это? Осознав через Слово Божье. Поэтому ваша жизнь зависит от знания Библии. Это руководство во всем, что вам нужно. Сделайте Божье Слово стандартов своей жизни.

Единственный способ быть эффективным для Бога — оставаться сосредоточенным. Вы должны самостоятельно проложить свой курс. Божий план для каждого из нас между Богом и нами самими. Праведность — это дар от Бога. Она есть у всех; нужно просто осознавать ее (как осознавать ручку, которая находится у вас кармане). Все, что Бог хочет от вас, находится внутри вас. Использовать это можно через веру. В Его разуме нет ничего даже отдаленно похожего на неудачи и сомнения. Мы созданы быть похожими на Него.

Столкнувшись с кризисом (который является частью жизни), «смотрите в корень», чтобы увидеть причину. Когда вышел указ, Даниил пошел в свою горницу помолиться. Он бы молился об изменении указа. Но если бы на эту молитву был дан ответ, он бы не был бы брошен в львиный ров. Сравните славу Бога, проявленную в львином рве с ответом на эту молитву!

Если Бог планирует взять вас туда, где вы никогда не были, а вы молитесь, чтобы отправиться туда, где вы были раньше, вы не можете изменить Божий план. Даниил не мог молиться о львином логове, потому что он никогда не был там раньше. Когда Даниил был приговорен, он стоял твердо и не изменил своей веры или упования, хотя на его молитву не было ответа. В молитве лучше не уделять время деталям.

Когда вы читаете о Божьих Генералах, они молились о том, чтобы Божья воля исполнилась, и они славили Бога. Павел и Сила восхваляли Бога. Они не просили Бога снять цепи. Сегодня, когда мы просим Бога о слишком многих конкретных вещах, мы разочаровываемся. Позвольте Святому Духу обращаться с просьбами — Он наш заступник. Иисус молился о том, чтобы воля Бога исполнилась вместо того, чтобы молиться о том, чтобы чаша прошла мимо.

Опыт лучший учитель. У каждого служителя есть свой привычный способ приближаться к Богу».

Святое Место

«Молитвенная гора» — это физическое место, но концепция этого места выходит за рамки физического мира: святое сердце, чистое сердце. Следовательно, это больше, чем просто физическая локация, это святое место.

Еще одно святое место в Церкви «Синагога» — алтарь в главном церковном зале. Раньше члены церкви бросались туда молиться, как только заканчивалось служение. Это было так называемое «время у алтаря».

К тому времени, когда Церковь «Синагога» становилась все

Пророк Т. Б. Джошуа Молится у Алтаря в Церкви «Синагога» в 2019 г.

более известным местом паломничества, днем и ночью, мужчины и женщины (в разных половинах) благоговейно преклоняли колени или лежали лицом вниз, положив рядом с собой Библии, перед алтарем. Почему? Они готовились к воскресному служению, они готовили свои сердца принимать.

После создания нового алтаря будет проводиться служение «Живая вода», где вода, помазанная во имя Иисуса, будет подаваться в краны в верхней части алтаря. Прежде чем подняться по лестнице, чтобы собрать эту воду, приходящие обычно ложились и лежали ниц на главном алтаре. Исцеления и освобождения были многочисленными и разнообразными.

Слово об этом распространялось за пределы церкви и среди посетителей говорили: «Мы будем молиться на алтаре в Церкви «Синагога»». Терпеливо выстраиваясь в длинную очередь (иногда тянущуюся за пределами церкви по оживленной дороге), каждый ожидал своей очереди.

На одном служении «Живая Вода» в понедельник 3 февраля 2020

г., 12 летняя девочка увидела небесное видение, когда вылила немного воды себе на глаза у алтаря Церкви «Синагога».

«Я вижу мужчину, он высокий! На нем белое одеяние», — воскликнула она. «Он сказал: «Покайтесь; Я скоро приду. Приводите людей в Мою церковь; приведите больше душ ко мне»».

Все это время ее глаза оставались закрытыми, она провозглашала: «Его лицо сияет» и «свет слишком яркий».

Внезапно девушка рухнула на пол и, казалось, «очнулась» от исступления. Ошеломленная вниманием, окружающим ее, она эмоционально рассказала о том, что только что увидела.

«На Его голове была большая корона, и Он восседал на престоле» — заметила она, добавив, что видела дым, окружавший Небесное видение.

Она была потрясена тем, что никто другой не видел того, что она видела так ярко.

«Люди идут по ложному пути; мы должны вернуть их в церковь» — взывала она.

Девочка Видит Небесное Ведение у Алтаря Церкви «Синагога»

«Неоправданно отношение удивления о неопределенности грядущих событий» — заявил Т. Б. Джошуа, размещая видео этого события в Интернете позже на той неделе: «Неопределенность часа возвращения Христа требует бодрствования и бдительности. Давайте не будем ждать еще одного знамения с Небес, чтобы убедить нас в первостепенной важности посвящать всю нашу жизнь сегодня, потому что только сегодня зависит от нас, а завтра — нет».[49]

Это видение отчасти напоминает некоторые события, произошедшие много лет назад в церкви Святой Марии в Эвертоне в графстве Бедфордшир в Англии. Джон Уэсли записал в своем дневнике разговор с 15-летней девушкой по имени Элис, которая впала в

---

49   *«Иисус скоро придет!» — Шокирующее Видение Маленькой Девочки о Небесах*, пост Служения Т. Б. Джошуа в Facebook, 6 февраля 2020 г.

подобное состояние транса:

«Я обнаружил ее сидящей на табурете, прислоненной к стене, с открытыми глазами, устремленными вверх. Я взмахнул рукой, как будто бы собираясь нанести удар, но она просто продолжала смотреть прямо. Ее лицо выражало невыразимое смешение благоговения и любви, а по щекам катились безмолвные слезы. Ее губы были немного приоткрыты и иногда шевелились, но недостаточно, чтобы издать какой-либо звук.

Не знаю, видел ли я когда-нибудь столь же прекрасное человеческое лицо. Иногда оно исполнялось улыбкой, как от радости, смешанной с любовью и благоговением; но слезы все еще текли, хотя и не так быстро. Ее пульс был довольно ровным. Примерно через полчаса я наблюдал, как ее лицо изменилось в выражение страха, жалости и горя; затем она залилась потоком слез и воскликнула: «Дорогой Господь, они будут прокляты! Они все будут прокляты!» Но минут через пять к ней вернулась улыбка, и на лице остались только любовь и радость.

Примерно через полчаса после шести я заметил, что снова пришло беспокойство; и вскоре после этого она горько заплакала и закричала: «Дорогой Господь, они отправятся в ад! Мир отправится в ад!» Вскоре после этого она сказала: «Плачьте громко! Не сдерживайтесь!» И через несколько мгновений ее взгляд снова стал спокойным и вновь выражал смешение благоговения, радости и любви. Затем она сказала вслух: «Воздайте славу Богу». Она вернулась в чувства около семи часов. Я спросил: «Где ты была?» — «Я была со своим Спасителем». «На небесах или на земле?» — «Не могу сказать, но я была в славе». «Почему же ты плакала?» — «Не о себе, а о мире; потому что я видела, что они находятся на грани ада». «Кого ты призывала воздать славу Богу?» — «Служителей, громко взывающих к миру, иначе они возгордятся и тогда Бог оставит их, и они потеряют свои души».[50]

---

50 Уэсли, Дж. (1827 г.), *Журнал преподобного Джона Уэсли*, Том 2. Дж. Кершоу. Запись от 6 августа 1759 г., стр. 454

Пророк Нашего Времени

Шел январь 2002 года, служение в Церкви «Синагога» подходило к концу. Пророк Т. Б. Джошуа ходил взад и вперед по небольшому возвышающемуся балкону в задней части зала, месту, где он обычно объявлял о предстоящих молитвенных бдениях или других собраниях. Но на этот раз атмосфера была особенно мрачной, поскольку он тихо и бесстрастно предупреждал людей, что они должны идти прямо домой. Он особо упомянул район Икеджа и сослался на предыдущее пророчество, в котором предупреждалось о взрывах. Гэри, который посещал церковь совсем недавно, с трудом мог понять происходящее, но люди поняли и быстро и тихо разошлись.

Затем, примерно через два или три часа, мы услышали хлопок и увидели вдалеке вспышку света. Позже мы узнали, что на военном объекте в районе Икеджа в Лагосе произошел мощный взрыв, в результате которого многие были убиты и ранены. На следующее утро мы увидели церковную территорию, полную тех, кто бежал из районов, близких к месту взрыва, и которые ночью пришли в церковь в поисках убежища. Работники церкви утешали их, а Т. Б. Джошуа предоставил еду, одежду и финансовую поддержку.

Это было доказательством того, что действительно среди нас был пророк.

Президентские Выборы в Гане

«Мама Фиона, сестры» — я услышала шаги запыхавшегося человека, а затем дверь в офис, где я и другие были заняты, отвечая на электронные письма, распахнулась: «Он победил, он будет президентом, и пророчество исполнилось!»

Мы встали, радуясь: «Эммануил, Бог с нами! Бог совершил это».

Что же происходило? Пророческое слово, сказанное Т. Б. Джошуа исполнилось, и Президент страны собирался вступить в должность.

Позже, 11 января 2009 года, через четыре дня после инаугурации президента Ганы будет проходить воскресное служение, на котором лично будет присутствовать президент Атта Миллс. Тогда он публично благодарит Бога за привилегию оказаться в той должности, которую он сейчас занимает, и выразит почтение к Т. Б. Джошуа как другу, наставнику и пророку Всемогущего Бога. Вот отрывок из того, что мы услышали, будучи свидетелями его обращения в тот день:

Президент Ганы Атта Миллс в Церкви «Синагога» 11 января 2009 г.

«Когда я сказал ему [Пророку Т. Б. Джошуа], что наши выборы состоятся 7 декабря и существует вероятность того, что результаты будут объявлены 8, 9 или 10 декабря, он некоторое время смотрел на меня, а затем улыбнулся и сказал: «Я не вижу что будет так; я вижу впереди трое разных выборов... и что результаты будут объявлены в январе». Я спрашивал себя, если будет второй тур и обычно он 28 декабря, то выделяется еще два дня, чтобы избирательная комиссия представила результат — как возможно, что мы будем ждать до января? Что ж, я держал эти слова в глубине души. 7 декабря у нас прошли выборы. 28 декабря был второй тур, а затем были третьи выборы в еще одном округе, и результаты были объявлены в январе».[51]

Позже в том же году мы присоединимся к Т. Б. Джошуа во время визита в Гану, где мы лично встретимся с президентом Атта Миллсом и услышим из его собственных уст свидетельство о значении этого пророчества, а также об ободрении и совете, которые он получил от пророка.

«ВЕЛИКАЯ ЗВЕЗДА»

В воскресенье 4 января 2009 г. Пророк Т. Б. Джошуа поделился пророческим посланием о большой звезде, которая отправится в путешествие, из которого не будет обратного:

---

51 *Выступление президента Ганы Атта Миллса. Воскресное служение Церкви «Синагога», 11 января 2009 г.*

«Я вижу великую звезду, о которой мир восклицает: «Эй, эй, эй!» В своей сфере он известен, он известен повсюду. Он великолепен, слишком велик! Я вижу, что с этой звездой начнет происходить нечто, что, вероятно, заставит его «собрать свой багаж» и отправиться в путешествие, из которого нет обратного пути. Но я не знаю, когда начнется это путешествие».

12 июня 2009 г. в другой раз, это пророческое предупреждение было сказано более прямо. Человек Божий сказал, что Майклу Джексону нужно приехать в Церковь «Синагога» для освобождения. Он знал, что не все в порядке, и специально передал это сообщение через Ти-Мака — известного местного музыканта, который был другом семьи Джексонов.[52]

Затем, в четверг 25 июня 2009 года, икона мировой музыки и самая известная поп-звезда современности Майкл Джексон неожиданно скончался после остановки сердца в городе Лос-Анджелес в штате Калифорния. Что это был за день... мы увидели новости, ошеломленные тем, что репортажи о смерти многократно транслировались по всем основным сетям. Дар этого музыканта не знал границы, привлекая внимание людей разных рас, цветов кожи и вероисповеданий. Пораженные, мы смотрели эти кадры и дивились!

В следующее воскресенье Ти-Мак публично поделился во время служения Церкви «Синагога» своею болью, услышав о смерти, и о том, как он возможно мог бы приложить больше усилий, чтобы убедить звезду посетить Церковь «Синагога» после личного послания, данного ему Пророком Т. Б. Джошуа.

Позже в том же году член семьи Джексона приехал в Церковь «Синагога», чтобы стать свидетелем служения и встретиться с Т. Б. Джошуа лично. Все это произошло в один из периодов нашей жизни в Церкви «Синагога», и мы восхищались сдержанной и деликатной манерой этого визита.

Поистине «великая звезда» отправилась в «путешествие откуда

---

52   *Смерть в Доме: Брат Майкла Джексона Прибегает к Т. Б. Джошуа*, The Nigerian Voice, 2 августа 2009 г.

нет возврата».

Плачущий Пророк

«Мне больно с болью народа моего. Я плачу и печаль охватила меня». (Иеремия 8:21, прямой перевод с New Living Translation)

В начале сентября 2019 года в ЮАР произошла волна нападений толпы на неграждан страны, многие из которых были нигерийцами. Беспорядки нарастали, и ответные меры и эскалация насилия казались неизбежными.

На воскресном служении в Церкви «Синагога» 8 сентября Пророк Т. Б. Джошуа не проповедовал. Он не принимал никакого участия в богослужении, кроме как стоял на сцене, рука об руку с хором Церкви «Синагога», когда они пели написанную им песню под названием «Африка Объединись!» Он был явно глубоко тронут и плакал во время песни:

Африка объединись
[Африка помни с чего мы все начинали, откуда мы пришли]
Африка объединись
[Африка, давайте объединимся]
Мы нужны друг другу
Мы нуждаемся друг в друге, чтобы расти
Африка объединись
Юг не может справиться в одиночку
Запад не может справиться в одиночку
Восток не может справиться в одиночку
Север не может справиться в одиночку
Мы нужны друг другу
Мы нуждаемся друг в друге, чтобы расти
Африка объединись

В течение следующих двух недель Церковь «Синагога» приняла около 200 нигерийских репатриантов, чтобы выслушать их свидетельства и оказать им реальную поддержку в виде денежных пожертвований на общую сумму 15 миллионов найр. Истории репатриантов дали понять влияние песни, и слез Пророка Т. Б. Джошуа:

> «Перед той песней Пророка Т. Б. Джошуа, в нигерийском сообществе был гнев. Мы отправляли сообщения в Нигерию, делились ужасными видео и призывали наш народ отомстить за нападения. Но после этой песни я освободился от гнева, злобы, обид. Это было самоисцеление. Я понял, что наш враг — не внешний, а личности, не имеющие плоти и крови — духовные существа».
>
> (Г-н Стенли, нигерийский репатриант)[53]

> «Слезы Пророка Т. Б. Джошуа, пролитые в прошлое воскресенье во время прямой трансляции, спасли много жизней».
>
> (Г-н Нваоча, нигерийский репатриант)[54]

> «Именно слезы человека Божьего заставили полицию сплотиться вокруг нас, чтобы спасти нас от нападавших».
>
> (Г-н Огбонна, нигерийский репатриант)[55]

В Эру Пандемии

«Молитвенная Гора» в Первой Половине 2021 г.

«Уединение Веры» или «Молитвенная гора» — это проект, на разработку которого потребовалось много лет. Заболоченные «кустарники» кропотливо осушались рабочими, часто работавшими в простых лодках вручную, чтобы убрать тростник. Со временем образовалось чистое водное пространство. Это озеро

53　*Репатрианты из Южной Африки рассказывают о невзгодах. Вечерние Новости (Нигерия), 20 сен 2019 г.*

54　*Репатрианты из Южной Африки получают финансовую и гуманитарную помощь Церкви «Синагога», Nigerian Tribune, 15 сентября 2019 г*

55　*Там же.*

с его небольшими островами стало пристанищем для птиц, и на закате небо было наполнено ими. Также можно было увидеть маленьких обезьян, павлинов, нежных антилоп, а также раскрашенных петухов.

Постепенно появится большой «Молитвенный сад» с новыми деревьями, высаженными, чтобы предоставить тень для молящихся паломников. Были созданы специальные дренажные каналы, чтобы потоки воды от тропических дождей могли быстро рассеиваться, и, наконец, были построены «Молитвенные Дорожки» вокруг озера, строительство которых было завершено в 2020 году.

За пределами «Молитвенной горы» шумел транспорт, и оживленная жизнь мегаполиса продолжалась, но за высокими стенами возник оазис природы и покоя.

Одно из самых ярких воспоминаний — это значительный переход между 2019 и 2020 годами (когда вирус, вызвавший пандемию COVID-19, уже действовал в Китае). Человек Божий предпочел провести это время на «Молитвенной горе» в Лагосе с примерно 300 посетителями вместо того, чтобы появится в прямом эфире на «Emmanuel TV» в качестве «влиятельного лица» в начале Нового года. «Молитвенная дорожка» уже была почти завершена, и в разгар дня «в поте лица», когда Т. Б. Джошуа ободрил нас, мы пошли и произнесли молитвенные провозглашения:

Всякий дух обиды, тебе здесь не места! Прочь из моей жизни!

Всякий дух ненависти, тебе здесь нет места! Прочь из моего жизни!

Всякий аморальный дух, тебе здесь нет места! Прочь из моего жизни!

Всякий дух измены, тебе здесь нет места! Прочь из моего жизни!

Всякая боль прошлого, тебе здесь нет места! Прочь из моего жизни!

Благодарю Тебя, Святой Дух любви, за прощение моей ненависти.

Благодарю Тебя, Святой Дух веры, за прощение моих сомнений.

Благодарю Тебя, Святой Дух надежды, за прощение моей

жалости к себе.

Благодарю Тебя, Святой Дух смирения, за прощение моей гордости.

Благодарю Тебя, Святой Дух мира, за прощение моего гнева.

Благодарю Тебя, Святой Дух терпения, за прощение моего ропота.

Благодарю Тебя, Святой Дух добра, за прощение моих злых дел.

Как пророк — коммуникатор между видимым и невидимым, он пророчествовал среди многих других точных пророчеств год страха, говоря: «Люди не обеспокоены, но я очень обеспокоен». Это случилось, как и было предсказано. Год страха, который коснется каждого народа, вот-вот был готов обрушиться на нас. Это полностью изменит, что мы раньше считали обычной жизнью. Это затронет каждую страну, поскольку чума страха охватит всех, особенно развитые страны с их значительно более пожилым населением и озабоченностью по поводу перегруженных систем здравоохранения. Церкви повсюду закрыли свои двери и приготовились к служению «онлайн».

«Я знал, что придет такое время» — сказал человек Божий, имея в виду закрытие церквей. Действительно, титанические усилия на протяжении многих лет по подготовке территории «Молитвенной горы» как подходящего места для многих сотен людей с большим пространством, свежим воздухом и вдохновением природы теперь были вознаграждены. Партнеры «Emmanuel TV» и члены церкви были первыми кто испытал блага этого благословенного места.

По прошествии времени Т. Б. Джошуа можно было увидеть служащим партнерам «Emmanuel TV» в молитве на «Молитвенной горе». Гуляя среди деревьев в саду, в лесной обстановке, он не спеша, двигался среди людей, которые сидели организованно и социально дистанцировались, ожидая

Т. Б. Джошуа Молится за Партнеров «Emmanuel TV» в «Молитвенном Саду».

прикосновения Иисуса. Верные друзья и партнеры «Emmanuel TV» так долго ждали этого прикосновения. Оно было по истине помазанным: хронические заболевания, такие как плохое зрение, ограничения подвижности и артрит, исчезнут, когда их отец в Господе будет ходить среди деревьев, и сила Божья будет явлена для исцеления.

Наша Духовная Жизнь

Пророк Т. Б. Джошуа часто говорил:

«Первое, в чем нам необходимо преуспеть — это ваша духовная жизнь».

Без этого основания любая другая форма процветания не выдержит испытания временем или станет разрушительной силой, а не благословением.

Но как нам строить свою духовную жизнь? Следующая проповедь помогает пролить свет на это.

НАША ДУХОВНАЯ ЖИЗНЬ

Т. Б. Джошуа, Церковь «Синагога» Воскресное Служение, 7 Февраля 2010.

Многие из нас — традиционные христиане, привыкли к тому или иному методу молитвы. Молится не наше тело, а то, что находится внутри нас (что мы не можем видеть). В одном человеке присутствует две природы; мы видим человеческую природу. Вы молитесь не только когда открываете уста. Вы можете молиться и вести беседы с друзьями, а можете молиться и принимать пищу одновременно.

Такой должна быть нормальная жизнь христианина, т. е. ваша

жизнь должна быть жизнью молитвы. Вам необходимо постоянно размышлять во имя Иисуса Христа, говоря: «Господь Иисус, помилуй меня; пусть Твоя милость говорит за меня; пусть Твоя благосклонность говорит за меня сегодня». Как много христиан поступают так? Вы молитесь только тогда, когда вы в нужде.

Наша проблема в том, что мы слишком мирские, и то, что мы ищем в этом мире, отнимает у нас все лучшее время, усилия и энергию, но мы все равно остаемся с пустыми руками. Это самое досадное. Почему же тогда мы не можем уделять больше времени нашей духовной жизни, отдаться ей полностью и посмотреть, что произойдет?

Плодов от вашего рождения свыше и того, что вы являетесь верующим, должно быть достаточно, чтобы рассказать миру, кем вы являетесь вместо того, чтобы вам самим говорить о себе. Сегодня вы упрашиваете людей позволить вам молиться за них вместо того, чтобы они умоляли вас о молитве после того, как они узнали Иисуса в вас.

Иисус необходим вам всегда, а не только в определенное время. Вы знаете, что вам нужен Иисус, но вы не знаете, насколько Он вам нужен. Вам нужно, чтобы Он надевал ваши очки, вам нужно, чтобы Он открывал ваши уста, вам нужно, чтобы Он закрыл вам рот, вам нужно, чтобы Он смотрел назад или вперед. Но вы верите, что вам нужен Иисус лишь только тогда, когда есть проблемы или трудности. Вот почему сатана продолжает использовать эту возможность; он знает, когда вы призываете Его, когда Он вам нужен. И именно в те времена, когда вы не близки с Ним, он атакует вас, наносит удар.

Когда вы начинаете думать, что можете делать определенные вещи самостоятельно, вы ошибаетесь. Вы должны зависеть от Него во всем. Апостол Павел говорит: «Все могу в укрепляющем меня Христе» (Филиппийцам 4:13), но для вас это не так. Вы не смотрите через Христа; вы не улыбаетесь через Христа; вы не встаете, не сидите и не едите через Христа.

Нам нужно начать строить нашу духовную жизнь заново. Когда вы все время размышляете об Иисусе, у вас нет времени на ерунду; вы не пойдете туда, где Иисус не приветствуется. Вы всегда должны пребывать в состоянии молитвы и не ждать, пока я скажу: «Давайте встанем для молитвы». Первое в чем мы должны преуспевать — это наша духовная жизнь.

Наша величайшая война — в нашем сердце. Изначально трудности и разочарование возникают в наших сердцах, но, когда мы начинаем молиться, все эти негативные мысли исчезают.

Любая ситуация, в которой оказывается христианин предназначена для славы Божьей, как в случае с Павлом:

«Трижды молил я Господа о том, чтобы удалил его от меня, но Господь сказал мне: «довольно для тебя благодати Моей, ибо сила Моя совершается в немощи». (2 Коринфянам 12:8–9)

Когда Бог знает о вашей ситуации. Он проявит Свою силу в вашей слабости. Вы можете продолжать и продолжать пытаться решить проблему, пока Он не решит устранить ее. И если Он решит не устранять ее, вы все равно сможете прожить остаток своей жизни в мире, потому нам ничего не известно о том, что Павла убил именно жало.

Христианин живет жизнью, исходящей от Христа, и когда ваша жизнь исходит от Христа, Христос все знает о ней, если только вы не перестанете черпать свои внутренние силы у Него. Когда Бог знает о вашей ситуации, ваша ситуация находится под контролем. Ваша ситуация находится под контролем, когда она предназначена для того, чтобы сохранить вас для нового уровня жизни, когда она предназначена для усиления вашего стремления к Богу, когда она заставляет вас больше молиться и поститься, когда она предназначена что бы сохранить вас для искупления.

Тем не менее, в стихе 9 Павел сказал: *«Потому я хвалюсь в своей немощи»*, имея в виду, что его немощь отличалась от немощи других. Другие предназначены для того, чтобы уничтожить, чтобы убить, но ваша предназначена для того, чтобы сохранить вас, удержать на новом уровне и подготовить к предстоящим испытаниям. Если это ваша ситуация, то зачем роптать, зачем жаловаться, зачем сомневаться, зачем бояться? Это возможность почтить вашего Бога перед людьми.

Но сегодня, когда у вас возникают небольшие проблемы, о которых никто не знает, люди могут увидеть это по вашему внешнему виду. Сочувствие людей не может решить вашу проблему; от этого скорее станет даже хуже. Так что оставайся верным Богу. Как в хорошие, так и в трудные времена оставайся верным Богу.

Вы избранное поколение. Когда вы не знаете, кто вы, вы не будете сравнивать себя с другими. Заберите свою ситуацию у сатаны, принимая ее как благословение и возможность почтить Бога перед людьми.

ЧЕЛОВЕК ИЗ НАРОДА

«Для немощных был как немощный, чтобы приобрести немощных. Для всех я сделался всем, чтобы спасти по крайней мере некоторых». (1 Коринфянам 9:22)*

Послание Евреям 1 глава стих 9 говорит об Иисусе Христе цитируя Псалмы:

«Ты возлюбил правду и возненавидел беззаконие, посему помазал Тебя, Боже, Бог Твой елеем радости более соучастников Твоих».

В его отношениях с людьми можно увидеть в целом образ Т. Б. Джошуа, исполненного радости, который раскрывает, что его отношение к каждому мужчине, женщине или ребенку было на уровне доступном для них. Он был способен стать «всем для всех», человек Божий и человек из народа.

Возможно, нигде это не было более очевидным, чем когда люди откликались на пророческое слово или задавали вопросы во время церковного служения. Давайте посмотрим, как это было однажды.

Маленький мальчик немного неспокойно сидит рядом с матерью, которая, начинает странно себя вести из-за проявления нечистых духов, влияющих на ее жизнь, когда рядом проходит Т. Б. Джошуа. Мать пытается объяснить, что у маленького мальчика есть проблема с гневом, но Т. Б. Джошуа не видит ничего такого. Пока мать находится под влиянием Святого Духа, он одновременно молится за нее, и в то же время успокаивает маленького ребенка.

Все это было заснято на камеру, чтобы зрители со всего мира могли увидеть, он сначала спрашивает его, что у него в карманах, а затем берет его миниатюрный пиджак и пытается надеть его на себя. Лицо малыша загорается, и по его лицу разливается волна радости, вырывается смех. По языку тела видно, что он расслабляется: «Значит, этот большой взрослый человек посреди этого большого месте на самом деле очень даже забавный. Мне нравится этот человек». Сцена заканчивается тем, что он счастливо берет Т. Б. Джошуа за руку; вместе они идут к его матери, которая завершила свое освобождение. Затем он говорит матери: «Он хороший мальчик, я позже встречусь с вами обоими».

«В ситуации, когда есть напряжение и давление, смех становится большим облегчением».

«Религиозные духи» трепетали, когда Т. Б. Джошуа творил юмор и смех, чтобы разоблачить их.

Одна супружеская пара пришла на молитву, и муж жаловался, что жена нездорово советуется с Библией, прежде чем предпринимать какие-либо решения, включая проблемы супружеской близости. Звучав серьезно и проницательно, он расспрашивал разгневанного мужа, рассказы которого раскрывали злобный религиозный дух, стоящий за действиями его жены. Его мягкий юмор вскрыл действие суеверного религиозного духа, который без служения освобождения мог привести свою жертву к психическому заболеванию. Этот пример был живой притчей для церкви и более широкой зрительной аудитории.

Дав ей Библию, он попросил ее показать, как она консультируется с ней, открыв наугад станицу, что бы решить, в какой рыночный прилавок она пойдет, чтобы купить батат (местный овощ). По мере того, как приводившиеся примеры становились все более нелепыми, смех церкви оказался подходящим способом разоблачить действующую злую силу. После освобождения пара пришла поделиться своим свидетельством. Брак восстановлен, впереди их ожидает светлое будущее.

В служении в Церкви «Синагога» в любое время может произойти все, что угодно. В одну минуту прихожане, часто великолепно одетые в яркую хлопчатобумажную одежду местного производства, начинали смеяться; через минуту было пророчество: «У кого-то здесь есть оружие. Выходи. Бог избавит тебя». Вперед вышел мужчина, привлеченный влиянием Святого Духа, и, когда он приподнял штанину, можно было увидеть нож длиной в четверть метра, привязанный к его голени.

ДОСТУПНЫЙ, НО НЕПРИКОСНОВЕННЫЙ

Это случилось посередине церковного служения — снаружи раздались звуки выстрелов! На улице были вооруженные грабители, которые устроили беспорядок угрожая заряженным пистолетом. На месте, переполненном людьми, было возможно учинить настоящую бойню и очень быстро.

Т. Б. Джошуа Показывает Пистолет Отнятый у Вооруженных Грабителей

В полном спокойствии Т. Б. Джошуа вышел, подошел к грабителям посреди толпы, потребовал пистолет, а затем занес его в церковь и продолжил свою проповедь.

В другой раз мужчина с кислотой ринулся на машину, когда Т. Б. Джошуа собирался сесть в нее, чтобы вернуться на «Молитвенную гору» из церкви. Человек Божий произнес властное слово, и этот человек «встал как вкопанный» и был не в состоянии завершить свое злое дело.

Прогуливаясь среди толпы людей в церкви, Пророк Т. Б. Джошуа сказал, что, ходя с Богом, он был «доступен, но не прикосновен».

Эти инциденты не ограничивались церковью или даже Нигерией.

«Быстро, остановите его; куда он идет?» Дородный мужчина направлялся прямо через то место, где совершалась молитва, прямиком к Т. Б. Джошуа, намереваясь сбить его с ног.

«Что происходит?» Когда он приблизился, он как будто столкнулся с твердой непроницаемой стеной и упал на землю, не в силах подняться.

Это произошло не в Лагосе, а в Сингапуре.

Мы читаем о подобном явлении более подробно в дневниках основателей методизма Джона и Чарльза Уэсли, на которых иногда нападали жестокие толпы людей во время их проповеднических служений под открытым небом. Руководители этих толп нередко переходили на другую сторону и начинали защищать их, поскольку они оказывались под влиянием силы слова, сказанного с любовью и верой. Это случилось с один известным головорезом по имени Манчин, который намереваясь убить Джона Уэсли. Кончилось тем, что он, наоборот, защитил его от остальной толпы. Чарльз Уэсли писал о нем:

> «Манчин, бывший лидер толпы, постоянно находился под влиянием Слова с тех пор, как спас моего брата. Я спросил его, что он думает о нем. «Думаю о нем!» — сказал он: «Что он человек Божий, и Бог был на его стороне, когда многие из нас не могли убить этого человека».[56]

Возвращаясь в наше время, группа боевиков пришла в Церковь «Синагога», потому что они устали от насилия и безжалостного стремления к кровопролитию и хотели избавления[57]. Они видели в Т. Б. Джошуа человека, к которому они могут обратиться. Как он сказал: «Никто не слишком плох, и никто не слишком хорош, чтобы получить спасение».

Танцы и Празднования

Что показывала видеокамера? На кадре, снятом с колен, вертятся чьи-то ноги, вытанцовывая энергичный ритм. Кто этот человек?

---

56   Джексон, Т. (ред.) (1849). *Дневник Преподобного Чарльза Уэсли. Запись 25 октября 1743 г.*

57   *Нигерийские боевики сдаются в церкви! Пост Служения Т. Б. Джошуа в Facebook,* 26 июня 2019 г.

Теперь мы видим — это танцевал Т. Б. Джошуа, а вокруг кружилась веселая какофония инструментов, африканские барабаны и голоса. Это было воскресное служение в прямом эфире, на котором все наслаждались возможностью прославить Бога в западноафриканском стиле, особенно сам пастор.

Т.Б. Джошуа Танцует во Время Прославления

На праздновании Нового года любовь к танцам перешла на новый уровень. Во-первых, была еда для посетителей, пришедших на недельный духовный ретрит, и для всех служителей церкви. После вкушения восхитительных блюд местной и иностранной кухни начинались танцевальные соревнования. Сначала танцевали представители разных народов, а затем рабочие отделы церкви.

Будут официальные конферансье, которые серьезно озвучат результаты. Иногда Т. Б. Джошуа отправлял сообщение евангелистам, и прежде, мы узнавали об этом, каждый кто танцевал, оказывался в прямом эфире на «Emmanuel TV». Телефоны начинали звенеть и вибрировать, когда приходили текстовые и WhatsApp сообщения, особенно из южноафриканских стран, со словами: «Мы следим за вами; превосходные танцы; хотели бы и мы оказаться там быть с вами!»

Бокс в Духе

Было не так много от чего стойкие члены поместной церкви, особенно мускулистые нигерийские мужчины, могли бы получить больше удовольствия, чем от силовых матчей, которые Святой Дух иногда допускал Т. Б. Джошуа проводить с известными боксерами и борцами.

Хотя их просмотр вызывал много смеха, эти встречи помогали укрепить веру и посрамить дьявола.

Был один боксер, пришедший получить освобождение, когда Т. Б. Джошуа провозгласил: «Я буду боксировать с тобой в духе». Боксер, который был высоким нигерийцем с выпуклыми бицепсами, сразу покатился со смеху. Хотя он и пришел за освобождением, он понимал, что конечно же этот обыкновенный человек среднего роста не сможет и пальцем тронуть его, ни то, что отправить в нокаут. А как насчет его репутации?

Но этот боксерский поединок состоялся не по плоти, а по духу. Без физического прикосновения Т. Б. Джошуа ударил в воздух в его направлении, и тот упал на землю один раз... второй раз... третий... В конце 3-го раунда он склонил голову до земли. Т. Б. Джошуа снова направил невидимою волну в его сторону, и мужчина снова упал на пол. Наконец, он был освобожден.

После этого, с блеском в глазах, он дал несколько советов мужчине по поводу бокса. «Если твоя профессия — спортсмен, продолжай заниматься боксом, но престань ненавидеть своего противника».

Наблюдающие за поединком члены церкви приветствовали эту конфронтацию аплодисментами и поднятыми руками, и отправились домой, чтобы рассказать об этом всем своим соседям.

Заполненное Прихожанами Церковное Служение в Церкви «Синагога»

В другой раз пожилая утонченная белая южноафриканская женщина призналась, что боится ограбления. Т. Б. Джошуа взял ее сумочку, затем вернул ей, и сказал другим (мужчинам) членам ее южноафриканской группы попытаться выхватить у нее сумку. Когда они подходили, даже сразу вдвоем, она поднимала сумочку, и провозглашала: «Во имя Иисуса, ты не заберешь мою сумку». Один за другим они терпели неудачу и в итоге лежали на полу, не в силах поднятся. Неужели это происходило с сильными, вполне способными мужчинами? Что это за сила?

В других случаях Т. Б. Джошуа касался микрофона, а затем указывал на человека, проявляющего злых духов, который падал. Он демонстрировал помазание Бога через неодушевленные предметы.

По прошествии времени и повсеместном распространении «Помозанной Воды» появятся свидетельства, о том, как направление и распрыскивание «Помозанной Воды» на вооруженных грабителей и преступников обращало их в бегство.

Воскресная Школа

Когда Т. Б. Джошуа посещал классы Воскресной школы и приходил часто с обилием сладостей, всегда раздавались крики и визг радости. Дети звали его папой и хотели проводить с ним время. Детские дни рождения отмечались тортом, и он часто сам его разрезал.

Затем были выступления детей перед церковью. Съемочная группа всегда записывала отрепетированные детьми постановки с той серьезностью, с какой они относились бы к воскресному служению. По мере роста «Emmanuel TV» лучшие из них могли войти в расписание программ.

Т.Б. Джошуа Празднует Рождение Воскресной Школы в 2002 г.

Захватывающее время — возможность для воскресной школы проявить себя. Они подготовили особенный спектакль и, хихикая, пытаются вспомнить свои реплики. Мамы работают над костюмами и следят за порядком. Нашим группам посетителей очень нравились детские живые выступления, и этот раз не стал исключением.

Вот появляется маленький мальчик, а за ним группа детей, выстраивающихся в ряд. Искусственные усы у него немного распущены, но апломб у него очень даже многозначительный. Подойдя к очереди детей, он начинает молиться: «Ты, дух озорства и неглубокого ума, выйди из этого тела! Я приказываю тебе уйти во имя Иисуса!» Обращаясь к публике, когда вся очередь его «пациентов» оказывается на полу, он начинает вести с молитву на манеру Т. Б. Джошуа, властно призывая к себе камеру, чтобы он мог помолиться за зрителей.

Посетители не ускользают от его орлиного взора, и, хотя его нет среди нас, мы знаем, что находящемуся где-то в здании Т. Б. Джошуа с его искрометным чувством юмора нравится эта забавная имитация.

Позже лучшие проповедники из числа детей присоединялись к постановке, чтобы проповедовать. Вот, пожалуй, наш любимый пример: тематическое обсуждение десятилетними детьми на глубокую богословскую тему, о природе молитвы или роли Святого Духа. Это был беззастенчивый мягкий, юмористический способ объяснить и продемонстрировать вечные истины. И как же хорошо им это удавалось!

Время молитвы на богослужении, и маленький мальчик с озорным лицом сидит рядом со своей матерью. Он смел и громко смеется, когда видит Т. Б. Джошуа вживую. Этот ребенок пришел подготовленным и просит микрофон у Т. Б. Джошуа под возгласы и смех. Он спрашивает мальчика: «Ты хочешь проповедовать?»

Мальчик выучил наизусть отрывок из «Emmanuel TV», в котором цитируются сложные отрывки из Священного Писания, а также моменты в учение, такие как «Знание означает объяснение и соотношения фактов Евангелия» и «Пророчество не обязательно предсказывает события, но проповедует и учит Слово с силой!»

Маленький Мальчик Имитирует как Проповедует Т. Б. Джошуа в 2011 г.

Этот момент, был большой радостью для ребенка и наблюдающей церкви, а для пастора спонтанной возможностью побудить родителей соблюдать наставление Священных Писаний «наставьте своих детей на пути Господа». Этот мальчик продолжал расти и преуспевать, и его часто видели с мамой в Церкви «Синагога» в праздничные дни.

И чем же все это закончилось? Просто немного беззаботного веселья во время служения? Клип смотрели на YouTube много раз и во многих странах. В Пакистане, в школе Эммануил, это было высоко оценено учителями и детьми.

Наставничество

Люди всех возрастов из разных стран просили остаться на некоторое время в Церкви «Синагога», чтобы их наставлял Т. Б. Джошуа. Это было и остается «Библейской Школой Святого Духа», где деньги не требуются ни коим образом. Он также ясно понимал абсолютную необходимость поддерживать любое начинание, исходящее от хорошего характера и последовательной необходимости жить по Слову Божьему.

Подобно евангелистам, это наставничество принимало множество форм, например, развитие церковной молодежи, которая приобретала ценные навыки, работая в разных отделах церкви и служения. Этот опыт мог пригодиться им в их будущей карьере.

«Emmanuel TV», в частности, извлекло пользу из этого внутреннего обучения. Как поясняется на сайте:

> «Мы в «Emmanuel TV» верим в развитие навыков. Иисусу Христу потребовалось время, чтобы развить навыки Своих учеников. Вся наша производственная команда, в том числе операторы, редакторы, режиссеры, графические дизайнеры, художники, ведущие, звукорежиссеры и т. д. являются нашими евангелистами, которые развили свои навыки, работая в Церкви «Синагога» и в «Emmanuel TV».

Некоторые известные люди приходили в церковь, чтобы увидеться с человеком Божьим в его офисе, ища мудрости признанного пророка. В их число входили бизнесмены, как мужчины, так и женщины, ученые, правительственные чиновники и филантропы, а также пастора. Некоторые, как Никодим, приходивший к Иисусу, так же незаметно приходили посреди ночи.

Т. Б. Джошуа всегда вдохновлял людей делать «лучше, чем они могут», независимо от того, связаны ли их навыки с академическими кругами, юриспруденцией, медициной, бизнесом, спортом, искусством или служением.

Благотворительная Деятельность

Т. Б. Джошуа хорошо понимал бедных, и всю свою жизнь он посвятил, чтобы оказывать помощь будучи всегда очень щедрым в пожертвованиях. Вот отрывок из газетного интервью с ним, в котором приводится некоторая предыстория:

Т. Б. Джошуа Посещает Нуждающихся в 2007 г.

Что сформировало ваше сострадание к нуждающимся?

«Библия говорит: «Бодрствуйте и молитесь...» — это означает, что вам нужно отрезвиться и осмотреться по сторонам, прежде чем молиться. Если есть люди, которым нужна ваша помощь, сделайте все возможное, чтобы доставить им облегчение: любите их. После этого молитесь — и ваши молитвы будут услышаны. Я знаю, что значит нуждаться. Однажды я был в похожей ситуации и просил о помощи. Я прекрасно знаю, что значит быть в нужде. Я вкусил бедность, унижение. Я терпел уныние, пренебрежение и многое тому подобное. Но сегодня я являюсь плодом благодати. Я никого не виню в бедности. Я не должен никого обвинять в унижении. Быстрый бегун не всегда побеждает в гонке».[58]

Т. Б. Джошуа не скрывал любви к своей стране. В рамках многих местных благотворительных проектов и программ стипендий он часто помогал тем, кто пытался достичь «лучшей жизни» в Европе, будучи обманутым недобросовестными торговцами людьми. Эта «лучшая жизнь» часто заключалась тем, что их запирали в ливийских тюрьмах или эксплуатировали в качестве «современных рабов». Были обращения за помощью к Т. Б. Джошуа и

---

58   «Интервью – Т. Б. Джошуа – Люди Превыше Всего» Tell Magazine, № 52 от 24 декабря 2007 г.

правительству Нигерии поучаствовать в их репатриации.

Переодетые в обычные спортивные костюмы, депортированные из Ливии, будут приходить в Церковь «Синагога» и получать

Нигерийцы Депортированные из Ливии Получают Помощи от Церкви «Синагога» в 2017 г.

пищу, медицинскую помощь и духовное питание, а затем получать финансовую помощь и мешки с рисом, чтобы помочь им вернуться в места своего рождения. Но самое главное, они будут рассказывать свои душераздирающие истории перед переполненной аудиторией церковью и многими другими, смотрящими «Emmanuel TV», предупреждая других не поддаваться лжи, обещающей легкий путь к «более тучным пастбищам».

Гаити

«Баба и мама, вы сидите? У нас большое задание». Т. Б. Джошуа позвонил посреди ночи и сказал, что пятеро из нас в США должны возглавить ответные меры на катастрофическое землетрясение на Гаити в январе 2010 года посредством медицинской клиники. В Колорадо мы открывали небольшой офис «Emmanuel TV», когда рано утром позвонил один из сотрудников. Следуя этой инструкции, десять дней спустя американская группа при поддержке Великобритании зафрахтовала грузовой самолет, заправила его медикаментами и собрала команду проекта. Это само по себе было чудом.

Фиона описывает, что она чувствовала в то время:

Они были смесью одновременно того «как удивительно» и «как ужасно». Политическая ситуация была неопределенной. Мы все должны были спать прямо на земле на камнях (как и случилось), полагаясь на то, что могли взять в небольшие рюкзаки. Теперь с поставкой топлива на Гаити была неопределенность. Самый маленький из тех, на которых мне доводилось летать, наш крошечный самолет должен был сделать остановку, чтобы заправить топливо в Нассау. Но когда я сидела в 9-местном автомобиле, в моей голове преобладали мысли: «Я в мире со всеми; Я буду служить бедным; Бог с нами, и мы находимся под руководством истинного пророка, так что, что бы ни случилось — все будет хорошо».

Гэри остался во Флориде на несколько дней, чтобы разобраться с грузовым самолетом, где на его долю выпали свои чудеса и испытания. Первый не получил разрешение на вылет, но затем нашлась другая чартерная компания, а новый самолет подготовлен и загружен в течение 24 часов. После того, как он прибыл с грузовым самолетом и припасами на Гаити и встретился с Фионой

и другими членами команды, следующим чудом стала доставка грузов в зону землетрясения. Мы проехали по фактически непроходимым дорогам через весь остров, а затем попросили у мэра города Аркахайе участок земли для разбивки лагеря и использования его в качестве клиники.

Гэри и Фиона в Местном Транспорте в Гаити

Когда мы оказались на месте, у нас не было отбоя от нуждающихся людей. Все беременные хотели обратиться к врачу, а всем детям нужна была медицинская помощь и лечение после употребления грязной воды. Люди были в ужасе от землетрясения и спали на улице.

Гаити (эта часть страны) была очень бедной, а местный рынок выглядел так, как будто мы перенеслись на 300 лет назад — товары привозились на ослах.

Четкое послание Т. Б. Джошуа для собранной команды было в том, что нам следовало жить как местные жители и, соответственно, избегать ловушек, связанных с проживанием в комфортабельных отелях, далеко отстоящих от реального образа жизни тех, кому мы пытались помочь. Насколько же прав был человек

Божий — местные жители сразу видели разницу.

Небольшая Помощь Пищей В Медицинской Клинике «Emmanuel TV» в Аркахае

Большой урок, усвоенный на Гаити, заключался в том, что движение вперед сопряжено с дискомфортом. На Гаити дискомфорт был физическим — безжалостная жара, отсутствие надлежащего туалета, приготовление простых блюд для команды на углях, сон на прослойке из картона, душ с пол ведра воды в течение нескольких недель подряд — но это было потрясающее и изменяло жизнь! Другие ситуации для продвижения вперед могут включать в себя другие проблемы, возможно, умственные или эмоциональные, а не физические.

ЧЕЛОВЕК И ПОСЛАНИЕ

Простой звонок от Т. Б. Джошуа, в то время, когда мы «удобно расположились» в Колорадо, привел к созданию долгосрочной медицинской клиники на Гаити, где произошла череда чудес и множество жизней изменились к лучшему. Как получилось, что это послание несло в себе силу исполнения и было достаточно доказательств того, что Бог поддерживал это поручение? Для этого нам нужно больше узнать об этом человеке из народа.

Т. Б. Джошуа был человеком, неотделимым от его послания. По сути, он говорил то же самое, когда проповедовал на воскресном служении или что и говорил вам один на один. Было ли это заранее подготовлено или нет, но он всегда говорил о том, что думал и над чем размышлял.

Если вы хотели узнать, о чем он думает или есть ли у него послание специально для вас, большую часть времени вам нужно было лишь внимательно слушать то, что он говорил публично. Ничего не было скрыто. Секрет его служения был открытым для всех.

Одна из первых проповедей, которую мы слышали, была

озаглавлена: «Говорите то, во что вы верите». Для Т. Б. Джошуа это было не лозунгом, а описанием того, как он общался с другими. Вы можете узнать, во что вы действительно верите (в отличие от того, во что, по вашему мнению, вы верите), наблюдая за своим повседневным поведением и слушая повседневные разговоры. Для многих из нас это часто отличается от того, что мы исповедуем. Но эти две вещи должны объединиться, если мы хотим иметь какое-либо истинно положительное влияние.

Хороший пример — наш подход к молитве. Чтобы обрисовать то, как мы слишком часто поступаем: мы готовимся, едем на собрание, а затем молимся вслух, веря, что (при условии, что мы молимся «с верой») Бог слышит нашу молитву. Но Т. Б. Джошуа проводил четкое различие между «молящимися молитвами» и произнесением слов, объясняя, что мы всегда должны находиться в состоянии молитвы. Он объясняет, что молитва, результат которой виден в исцелении, освобождении и чудесах в его служении — это не та молитва, которую он произносит вслух, а молитва, которую он постоянно возносит в своем сердце. В молитве за всех, известной как «общая молитва», произнесенное слово власти дополняет постоянную сердечную молитву и приносит результаты: «Будьте исцелены! Будьте свободны!».

Бог слышит молитву сердца, а не только молитву уст. И если ваше сердце, например, не свободно от беспокойства или обид, то, какими бы впечатляющими не были слова молитвы, которые вы скажете, вы услышите себя, и окружающие будут слышать вас, но Бог не услышит вас.

То же самое и с нашим желанием следовать за Иисусом. Одно дело сказать, что мы хотим следовать за Иисусом, и совсем другое — иметь это в виду всем своим сердцем. Без такого сердечного посвящения мы не выдержим испытание временем. Как ярко выразился человек Божий в своей проповеди в 2017 году:

> «Я решил последовать за Иисусом, и я принял это решение всем своим сердцем. Если бы я действительно не имел это в виду, сейчас, вы бы указывали на мое кладбище или рассказывали бы историю о том, что когда-то была церковь под

названием Церковь «Синагога».[59]

Вы не можете обманывать Бога. Христианство — это не спектакль, а реальные отношения. Люди могут смотреть на то, что мы делаем, но Иисус знает, почему мы это делаем; люди могут видеть действие, но Бог видит мотив, стоящий за этим действием.

Т. Б. Джошуа так же сказал:

«Иисус Христос никогда не стремился быть благим, Он просто был благим».

С другой стороны, все дело в любви:

«Любовь является настоящей мерой духовности».

Наблюдая за его примером и слушая его послания о любви, мы увидели, что особенность любви состоит в том, что она заботится о том, что происходит здесь и сейчас — о настоящем. Дела любви — это естественный плод сердца, освобожденного Божьей любовью и прощением. Чтобы проявлять любовь, вы должны «быть начеку», вы должны быть бдительными, вы должны разгрузить свое сердце от всего лишнего. Тогда вы сможете полюбить самих себя, потому что Бог любит вас, и вы будете любить своего ближнего, как самого себя.

Школа Эммануил в Пакистане

«У Бога есть люди, которые встретят вас на месте вашего задания».

Это слово мудрости от Т. Б. Джошуа, размышляющего над историей Иосифа, должно было воплотиться для нас в отношениях, которые завязались у нас в наших путешествиях и, в частности, в нашей связи с Пакистаном.

Во время наших поездок по России с «Помазанной Водой» мы познакомились с пастором из Пакистана. Общаясь с нами по Skype, он сообщил, что смотрел видеоклипы (когда был доступен

59 *Поступая по Слову*, проповедь Т. Б. Джошуа, воскресное служение Церкви «Синагога», 14 мая 2017 г.

интернет) Пророка Т. Б. Джошуа и был поражен, увидев силу Божью в действии. Мы узнали, что его церковь находится в очень скромном районе. Наш наставник дал нам указание идти «из страны в страну», поэтому мы приняли приглашение приехать и провести несколько исцеляющих служений. В каком-то смысле мы вступали в неизвестность.

Думая, о том, какие вызовы и приключения ждут нас впереди, в аэропорту Дубая мы отправили электронное письмо в Церковь «Синагога», чтобы сообщить, что вскоре собираемся вылететь в Пакистан. Мы быстро получили электронное письмо с сообщением от Пророка Т. Б. Джошуа в котором говорилось, что он молился за нас. Мы знали, что это так, но услышать это от него лично имело большое значение для нас.

Епископ Асиф Джамали, владевший английским языком, и его брат преподобный Халид Джамали приехали встретить нас в аэропорту. Когда арендованный автомобиль въехал в узкие улочки в средневековом стиле города Асиф в Лахоре, мы еще не знали, что все это станет началом продолжительных отношений. Члены церкви и местная община начнут обращаться к Т. Б. Джошуа как «Папа», который заботился о том, есть ли у них достаточно еды, а также об их духовной жизни.

Епископ Асиф Джамали делится своей историей:

> «Я был пастором с 1999 года, но я был словно «медь звенящая и кимвал звучащий». Я был пуст и шумен — служил и проповедовал, но без силы и помазания. Люди приходили в церковь, посещали собрания, но реального изменения или роста не наблюдалось. Между тем, я слышал о Т. Б. Джошуа от верующих из России, смотрел видео на YouTube. И мне было интересно, как Бог использовал этого человека Божьего. Затем, в мае 2011 года, евангелисты брат Гэри и сестра Фиона приехали в Пакистан с помазанной водой. Бог работал в жизнях сотен людей. Чудеса творились во имя Иисуса Христа. Я был удивлен!
>
> Я продолжал молиться о том, чтобы увидеть этого великого человека Божьего. Однажды мне неожиданно позвонил

человек Божий Т. Б. Джошуа, который поговорил со мной и пригласил меня к себе. Затем в ноябре 2011 года брат Гэри и сестра Фиона приехали в Пакистан, и когда мы вышли помолиться, мы увидели на улицах города много детей, у которых не было возможности ходить в школу»[60]

Во время нашей второй поездке в Пакистан мы встретили мальчика десяти лет, который просил помолиться о прорыве, чтобы заработать немного денег и поддержать свою семью. Когда мы увидели этот наглядный пример бедности, мы вспомнили принцип, который мы видели и слышали от Т. Б. Джошуа: у Евангелия есть две стороны — весть о вечном спасении только лишь по вере во Христа и заповедь любить ближнего, независимо от его религии, культуры или убеждений.

> «Одного проявления любви к нуждающимся недостаточно, чтобы привести нас к спасению, но оно формирует основу для оценки уровня глубины нашей доброты, потому что отворачиваться в другую сторону, когда ваш брат в беде, равносильно отвержению Самого Христа».

Следуя нашему опыту общения с этим мальчиком и наблюдая, как мало женщин, присутствовавших на собраниях, умели читать, мы начали обсуждение с епископом Асифом Джамали о возможности создания благотворительной школы для предоставления высококачественного бесплатного образования в местной общине. Мы начали думать о том, как мы могли бы предложить Т. Б. Джошуа финансировать школьный проект целую, пока епископ Асиф Джамали работал над некоторыми предварительными планами.

Между тем, от имени «Emmanuel TV» была возможность раздать помощь некоторым вдовам. Женщины из местной общины в Пакистане в яркой одежде и свободно задрапированных головных уборах были очень благодарны за полученные большие мешки муки. От имени «Emmanuel TV» мы также смогли благословить некоторых людей швейными машинками, чтобы помочь им начать работать и получать небольшой доход.

---

60 Личное Общение.

Мы отправили несколько фотографий этой благотворительной работы команде Церкви «Синагога» в Лагосе. К нашему удивлению, мы получили личный телефонный звонок от Т. Б. Джошуа с ободрением и

Вдовы в Пакистане Получают в Подарок Муку и Швейные Машины

обещанием отправить подарок в размере 10 000 долларов США, чтобы помочь этой нуждающейся общине и другим. Вскоре после этого нам позвонили из банковского отдела церкви и сообщили, что размер подарка увеличился до 20 000 долларов США.

В то время мы не упоминали о потенциальном школьном проекте Т. Б. Джошуа или его команде в ожидании епископа Асифа Джамали который должен был подготовить некоторые практические предложения и расходы. Спонтанный подарок на неизвестную «благотворительную деятельность» оказался точной суммой, необходимой для проекта строительства школы, которая должна была состоять из семи комнат-классов, построенных над зданием пятидесятнической церкви «Щит веры». Никаких длительных дискуссий или заседаний комитетов — школа «Эманнуил» родилась сверхъестественным образом!

Торжественное Открытие Школы Эммануил в Пакистане 9 Марте 2012 г.

Епископ Асиф Джамали снова продолжает историю:

«Начались строительные работы. Среди местных жителей царило волнение. Строительство было завершено, и теперь школе нужно было дать название. На церемонии открытия 9 марта 2012 г. Т. Б. Джошуа дал название «Школа Эммануил».

Сразу после церемонии открытия я отправился с братом Гэри и сестрой Фионой в Церковь «Синагога» в Нигерию. Это был мой первый визит. Я смиренно склонился перед Господом и молился, чтобы Бог послал это помазание и в Пакистан. Для меня было благословением попасть на «Молитвенную гору», где я сидел в одной лодке с человеком Божьим, Т. Б. Джошуа, а он управлял лодкой. За меня молились в молитвенной очереди. И когда я собрался вернуться, я встретил Т. Б. Джошуа, человека Божьего, и я поблагодарили его за школу.

Человек Божий возложил руки мне на голову и помолился. Он трижды молился за меня и благословлял меня. Когда я выходил из офиса, внутри меня горел огонь Святого Духа. Я выпил 10 стаканов воды! Когда я вернулся в Пакистан, люди моей церкви ждали благословения. Бог изменил мою жизнь и служение через Т. Б. Джошуа. Теперь люди приходят толпами и получают благословение. Мое служение, моя церковь и моя семья благословлены и плодотворны. Да благословит Бог человека Божьего еще больше».

Какой благословенный результат! Т. Б. Джошуа и партнеры «Эммануил» также профинансировали дополнительный участок земли, чтобы построить детскую площадку рядом со школой, и продолжают поддерживать учебный процесс из года в год.

ВЗРЫВ ЦЕРКВИ В ПЕШВАРЕ

Было много примеров пожертвований, которые оставались «незамеченными». Это было обычным делом.

Когда 22 сентября 2013 года должна была начаться прямая трансляция на «Emmanuel TV», нам позвонили из Пешавара, Пакистан. В прошлом году мы посетили Пешавар, недалеко от границы с Афганистаном, по приглашению преподобного Сэмсона из Пакистанской церкви, чтобы провести большое служение исцеления на открытом воздухе с использованием «Помозанной Воды».

Голос в телефоне старался оставаться спокойным. Это был преподобный Сэмсон.

«Мама Фиона, вы видели новости? Произошел взрыв; они все еще спасают людей, у многих разорваны конечности, многие погибли».

Гэри немедленно проверил новости Пакистана, и действительно — это была катастрофа. Это было самое смертоносное нападение на христианское меньшинство в истории Пакистана. Двойной взрыв террористов-смертников произошел в церкви «Всех Святых» которая являлась частью Пакистанской церкви, епископ которой так тепло принимал нас в прошлом году.

Преподобный Сэмсон присутствовал на служении, но не пострадал. Теперь он пытался скоординировать некоторые незамедлительные действия по оказанию помощи. Что мы могли сделать? Нам удалось дозвониться до Т. Б. Джошуа, хотя он готовился к служению. Его мгновенная реакция была: «Сможете ли вы благополучно доставить им деньги? Мы хотим дать 10 000 долларов». Позже он лично поговорил с преподобным Сэмсоном.

Преподобный Сэмсон должен был руководить некоторыми операциями по оказанию помощи напрямую, в то время как остальная часть пожертвования была передана координированной программе помощи церкви Пакистана.

Затем, когда мы были Церкви «Синагога» в январе 2014 года, Т. Б. Джошуа передал нам еще 5000 долларов наличными, чтобы передать лично преподобному Сэмсону для дальнейшей помощи жертвам взрывов.

Усилия по Оказанию Помощи при Поддержке Т. Б. Джошуа в Пешаваре

Землетрясение В Эквадоре

Мы как раз заканчивали проект в Великобритании по поставке специального компьютерного оборудования для «Emmanuel TV», когда нам позвонили из Церкви «Синагога». Евангелист оказался на линии именно в тот момент, когда мы обсуждали «что же будет дальше в нашей жизни». Божье время удивительно. Евангелист сказал: «Подождите пожалуйста, сейчас с вами будет говорить человек Божий». Мы очень серьезно отнеслись к этому призыву, и

Фиона сложила руки в молитве. Веселый голос: «Как дела?» (слава Богу за хорошую связь), потом пришло: «Вы должны ехать в Эквадор». Потом звонок закончился. Бог вел нас к следующему шагу.

Это было 21 апреля 2016 года, вскоре после сильного землетрясения в Эквадоре 16 апреля 2016 года.

После короткой поездки в Церковь «Синагога», чтобы убедиться, что компьютерное оборудование благополучно доставлено туда, мы прибыли в Эквадор, имея всего несколько телефонных номеров в качестве потенциальных контактов. Член команды «Emmanuel TV», евангелист в обучении, присоединился к нам из Колумбии через 24 часа. Нашим первым приключением было ночное путешествие на местном автобусе в сильно пострадавший от землетрясения город Портовьехо.

Посещение Портовьехо в Эквадоре После Землетрясения 2016 года.

Нас встретил родственник одного из наших знакомых, чтобы провезти нас в течение дня по пострадавшим районам. Мы сидели, прижатые друг к другу на заднем сиденье, и заметили, как лицо водителя изменилось, когда раздался телефонный звонок.

Этот звонок изменил его жизнь. Это был звонок от правительства, выплачивавшего ему семизначный платеж, полагающийся ему за многие месяцы работы по государственному контракту.

Наш водитель, так его представили, увидел в этом мощный прорыв и верил, что это произошло потому, что он помогал команде, посланной Т. Б. Джошуа помочь его народу. Этот человек позже сказал нам, что был архитектором. Позже мы обнаружили, что он был довольно известным архитектором, но он не был слишком гордым, чтобы добровольно вызваться послужить в качестве нашего водителя. Впоследствии он стал архитектором проекта восстановления школы. Это было сверхъестественное Божье обеспечение.

Сразу не было понятно, как можно было направить помощь от «Emmanuel TV» напрямую пострадавшим. Однако наш наставник поддерживал нас в молитве, и нам позвонили с сообщением от него, что мы должны работать в тесном сотрудничестве с правительством.

Нам удалось добиться аудиенции у губернатора провинции Эсмеральдас. Мы спросили, знает ли она о какой-либо общине, сильно пострадавшей от землетрясения, которая еще не получила большой помощи. Она направила нас в местную деревню Сан-Сальвадор-де-лос-Чачис глубоко в тропических лесах.

На следующий день, сидя в простом автомобиле, мы много часов ехали мимо простых деревень. Мы были одеты для офисной встречи в неподходящей для джунглей обуви и были совершенно не готовы к тому, что нас ждало впереди. Свернув с неровной дороги, мы свернули на колею, крепко держась за машину, которая расшатывалась из стороны в сторону. Мы вышли из машины на берегу реки и сели в обыкновенное каноэ. В нем мы просидели под проливным дождем, путешествуя по реке около двух часов. Каноэ почти затонуло, по крайней мере, так казалось. Длинные лиственные ветви гигантских деревьев гнулись к реке, кружились водовороты. Мы немного тревожно гадали, могут ли в этой реке обитать крокодилы. Но где-то в голове Фионы зарождалось невероятное возбуждение:

Первое Путешествие на Каноэ в Сан-Сальвадор-де-лос-Чачис

«Неужели я действительно плыву на каноэ в тропическом лесу и собираюсь встретиться с местным племенем? Как же это удивительно? Я не могу припомнить, чтобы когда-либо раньше я настолько промокла и знала, что возможности высушить одежду не будет в течение нескольких часов».

Мы познакомились с общиной Чачи, увидели ужасные условия, узнали о школе, которая сильно пострадала, а затем отправились домой на каноэ. Вскоре произойдет сильный повторный толчок, и большая часть школы рухнет.

Сан-Сальвадор После Землетрясения

Начали складываться наброски проекта оказания помощи — продовольственная и гигиеническая помощь правительственным лагерям для эвакуированных и некоторая форма поддержки общины Чачи. Продовольственная и гигиеническая помощь должна была быть получена в Колумбии, где некоторые церкви вызвались помочь «Emmanuel TV», поэтому мы отправились в Боготу, чтобы заказать еду и организовать доставку.

Потом были некоторые заминки в последнюю минуту. Гэри, который был с командой в Боготе, рассказывает:

Накануне вылета в Эквадор грузовой самолет с наклейкой «Emmanuel TV» должен был отправиться на незапланированное срочное задание. Наклейка слетела в воздухе! Была двухдневная задержка, пока мы получили еще одну наклейку и работали с авиакомпанией, чтобы укрепить ее более надежно.

Но эта неудача оказалась подарком от Бога. Это дало достаточно времени команде, ожидавшей в Кито, столице Эквадора, чтобы организовать приемные формальности в аэропорту и принять более безопасные меры для перевозки ценного груза продуктов питания. Фиона добавляет к рассказу:

В Кито время имело значение, так как после ожидания необходимых разрешений на взлетно-посадочной полосе мы столкнулись с авто-трафиком Кито, не имея дополнительного времени что бы добраться вовремя до взлетной полосы.

Мы позвонили Гэри, который уже был с пилотами в кабине самолета: «Ты не можешь подождать? Мы опаздываем, чтобы добраться до аэропорта». Его ответ был твердым: «Нет, мы уже рулим по взлетно-посадочной полосе!»

Наш водитель мчался по дорогам словно Ииуй из 4 книги Царств 9:20, и мы все успели выйти на взлетно-посадочную полосу как раз вовремя, чтобы увидеть спускающийся грузовой самолет «Emmanuel TV». Местный видеооператор запечатлел этот момент на камеру лишь за считанные секунды. Какой момент!

Прибытие в Кито Грузового Самолета с Гуманитарной Помощью «Emmanuel TV».

Затем сложное администрирование по обеспечению безопасного хранения нашего драгоценного груза на таможенном складе, таможенная проверка и последующая загрузка в два армейских грузовика, любезно предоставленных эквадорской армией, которая предоставила грузовики и водителей для безопасной транспортировки помощи в пострадавший от землетрясения район.

Как только большее количество наших припасов благополучно оказалось на складе «Emmanuel TV», мы посетили официальное совещание правительства по чрезвычайному планированию, чтобы объяснить, как мы хотим работать в тесном сотрудничестве с правительством, но при этом сами управлять распределением помощи. Слава Богу, был разработан удобный план. Цели, поставленные Т. Б. Джошуа — работать с правительством, доставить грузовой самолет, ну и конечно же контролировать распределение помощи, чтобы убедиться, что она доходит до нужных людей — вот-вот должны были быть достигнуты. Сначала это казалось

Команда «Emmanuel TV» Встречается с Губернатором Провинции Эсмеральдас

невозможным, но теперь это происходило на наших глазах.

Гэри комментирует то, что, по-видимому, стало обычным явлением во всех подобных начинаниях веры:

Сочетание экстремальных проблем и особых благословений: всегда, кажется, наступает момент, когда есть реальный риск того, что проект не сможет состояться, а затем, Бог приводит нужного человека или меняет чье-то отношение — и это часто случается в самую последнюю минуту!

Когда мы посетили организованные лагеря с продуктами питания, мы прибыли именно тогда, когда их запасы были на исходе. В одном приюте женщины на общей кухне были очень воодушевлены, увидев большое количество свежих овощей и чеснока — приправы к их простому рациону.

Новая Школа в Тропическом Лесу

Так, что же дальше? Мы знали, что Чачи нуждались в школе. Когда наконец был получен план от архитектора, он был значительно больше и лучше предыдущего здания. Новый план предусматривал постройку нового высококачественного строения для размещения в нем детского сада, начальной и средней школы с 14 классными комнатами, а также кухней и столовыми, учительской, административной комнатой и небольшими компьютерными и научными лабораториями. Было ясно, что бюджет будет по крайней мере вдвое выше ориентировочных

Подготовка к Возвращению С Сан-Сальвадора на Каноэ

цифр, которые мы первоначально сообщали команде из Лагоса, больше, чем стоимость проекта по распределению продуктов питания до сего момента.

От этой школы зависело будущее всей общины, и Т. Б. Джошуа, тронутый их тяжелым положением, решил профинансировать новую амбициозный проект постройки. Архитектор согласился предложить свою фирму в качестве главного подрядчика, что было серьезным обязательством, поскольку посещение Чачи потребовало от него более 10 часов в пути. Для самого строительного проекта, на который потребовалось много месяцев, ему приходилось назначить менеджера, который бы большую часть времени жил на месте проведения работ в тропическом лесу. Он жертвовал свое собственное время бесплатно, чтобы выразить свою благодарность Богу за благословение, полученное им ранее.

Гэри Обсуждает Новые Планы Школы с Архитектором

В деревне Сан-Сальвадор-де-лос-Чачис не было мобильной связи; нужно было часами ехать к месту посадки, а затем надеяться, что сообщение дошло до деревни (с ее единственным стационарным телефоном), что каноэ будут ожидать. Затем для обратного пути нужно было покинуть Сан-Сальвадор заранее, чтобы вернуться на главную дорогу до сумерек. Так что нанести хотя бы часовой визит в Сан-Сальвадор было непростым делом.

Архитектор доработал план общеобразовательной школы, и мы представили его в Государственный Департамент Образования как раз вовремя, до закрытия двухмесячного периода, в который выделялся

Команда Встречается с Вице-Президентом Эквадора

для оказания экстренной помощи. Только во время такой чрезвычайной ситуации правительство разрешило внешнюю помощь для проекта. План был одобрен, но затем на местном уровне возникли бюрократические проволочки, которые могли поставить под угрозу весь проект. Однако мы снова испытали на себе Божье обеспечение. «Случайная встреча» с тогдашним вице-президентом страны — Хорхе Гласом — помогла расчистить путь, и строительство школы пошло полным ходом на благо коренной общины чачи и 300 учеников.

Большое Открытие Школы!

Из-за проблем с доступом и погодных условий проект восстановления школы занял много месяцев. Но всего через год после того,

Военные Приветствуют Г-на и Г-жу Джошуа В Эквадоре

как предыдущая школа сильно пострадала в результате землетрясения, новое здание было готово к официальной церемонии открытия. Т. Б. Джошуа редко путешествовал, но решил приехать в Эквадор, чтобы открыть школу лично.

Планировка была сложной из-за недоступности школы. Были проведены две церемонии открытия — одна в Кито для различных высокопоставленных лиц и одна — в самой школе. Вопрос был в том, как Т. Б. Джошуа должен был добираться до школы. Логистические проблемы. Военные предложили предоставить вертолет, но это было бы слишком опасно из-за частых туманов в Андах, не говоря уже о сильном тропическом дожде. В конце концов, он должен был ехать по дороге из Эсмеральдас, и даже это вызвало значительные трудности, из-за чего ему пришлось долго идти с командой по грязи, что было очень утомительно.

Утром в день открытия школы мы были частью передовой группы, которой удалось проехать до школы на внедорожнике. (После завершения школьного проекта правительство расширило дорогу вдоль реки до Сан-Сальвадора, и в несколько засушливых дней поездку можно было осуществить на автомобиле.) Однако, пока гости собирались в школе, поднялся ветер — признак приближающегося дождя. А потом он перешел в ливень, и без телефонной связи мы понятия не имели, что происходит с Т. Б. Джошуа и остальной частью команды. Мы начали думать, что все мероприятие, возможно, придется прекратить, когда один из чачи подбежал к нам, заявив: «Я видел, как ваш учитель шел по тропе сюда!» По его прибытии мы почти сразу же перешли к церемонии.

Т. Б. Джошуа
Продолжает Путь к
Школе Пешком

Было очень поучительно наблюдать, как эта коренная община, относительно не тронутая западными нормами, демонстрировала инстинктивное уважение к человеку Божьему. Казалось, они поняли, что это необычный человек, человек близкий к Богу. Мы были откровенно шокированы, когда более года спустя, посетив школу для осуществления следующего проекта, один из лидеров общины с уважением повторил нам некоторые слова ободрения, сказанные Т. Б. Джошуа на церемонии открытия.

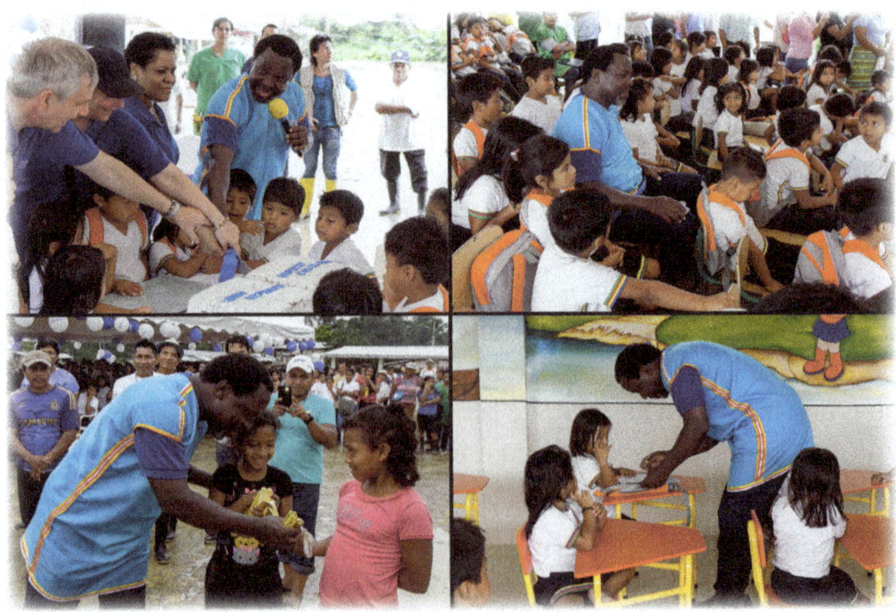

Открытие Новой Школы в Эквадоре в 2017 г.

Со своей стороны, Т. Б. Джошуа отождествлял себя с этими людьми во время своего короткого визита. Он с гордостью носил традиционную тунику чачи, которую ему подарили, ел местную кухню и проявлял большой интерес к проблемам фермеров. Он общался с детьми и лично посетил каждый класс, написав на классной доске «Иисус любит тебя».

Его обратный путь из тропических лесов также был трудным, требующим более продолжительного пути по грязи. Он даже нанес незапланированный визит в один из деревянных домов местных фермеров.

Он продолжал поддерживать школу, полностью оборудовав компьютерную лабораторию, и спонсируя ее лучших учеников для обучения в университете.

Доброхотный Даятель

Благотворительная деятельность «Emmanuel TV» осуществлялась по всему миру. В Великобритании не было недостатка в людях с самыми разными потребностями, и работа с Бобом из благотворительной организации «Цветок Справедливости» в Саутгемптоне была для нас удовольствием и честью, будучи частью «Emmanuel TV» Объединённого Королевства.

Поддержка Служения «Цветок Справедливости» в Саутгемптоне

Боб — бывший наркоман, получил спасение, уверовав в Иисуса и посвятил себя служению другим. Он посетил Церковь «Синагога» с группой в ранние годы и получил значительное исцеление от сильной боли в спине (ишиас). Он рассказывает историю в своей книге:

«У меня было пять раз кровотечение в моче за год, и врачи не могли выяснить, что со мной не так. У меня сильно болела спина, и я принимал обезболивающие. Когда Т. Б. Джошуа пришел помолиться за меня и сказал: «Все это связано с вашим прошлым». Он даже не прикоснулся ко мне, но я упал на пол, и все мое тело испытало жар. Я стоял на коленях лицом вниз и не мог встать из-за силы Святого Духа! Затем, немного погодя, он снова помолился и сказал: «Отец, отдели его от его прошлого!» Тогда вся боль мгновенно покинула мое тело».[61]

Он рассказал о своем исцелении тем, кто жил в государственном социальном жилом массиве, где он выступал в качестве уличного пастора, наставника и друга бедных. Т. Б. Джошуа также отправил команду «Emmanuel TV» для проведения регулярных благотворительных проектов в этом районе. В результате многие обездоленные люди увидели Т. Б. Джошуа, «человека из народа», который, хоть и находился за тысячи миль, мог восполнить их нужды.

Непреходящее послание о благотворительности от Т. Б. Джошуа говорит, что оно должен быть доброхотным. Благотворительная деятельность «Emmanuel TV» по всему миру будет безвозмездной и ни к чему не привязанной, то есть без ожидания особого отклика со стороны получателей или местных благотворительных организаций, с которыми мы могли сотрудничать. Это было очень оценено многими. Таким образом, стало возможным плодотворно и с радостью трудиться вместе с правительствами стран и теми, кто не разделял с нами нашей веры.

Всегда было много благотворительных проектов, обеспечивавших местными продуктами: от «липкой рыбы», которую так ценили те, кто помогал нам в Лаосе, до больших мешков муки в Лахоре, до традиционного чая со сливками, столь любимых английскими пенсионе-

Обеспечение Местной Пищей и Необходимым Продовольствием Жертв Потопа в Лаосе

рами. «Emmanuel TV» работает чутко и показывает своим зрителям пример, чтобы вдохновить их тоже найти для себя тех, кто в них

61 Лайт В. (2018 г.). *Это мое Приношение*. New Life Publishing. стр. 86

Традиционный Английский Чай со Сливками для Пожилых Людей при Поддержке «Emmanuel TV»

нуждается, и подумать о том, как они могут помочь, даже если для этого нужно просто хотя бы начать что-то делать.

Послание от Т. Б. Джошуа, страстно любившего благословлять других, ясно гласило:

«У каждого есть что-то, что можно отдать. Кто-то всегда нуждается в вас, не важно, насколько малым является то, что есть у вас».

Люби Своего Ближнего

Иисус узнает нас не по нашему имени, а по нашей любви. Эта глава заканчивается проповедью, которая запечатлела сердце этого «человека из народа». Любовь — это не чувство, а практическая ответственность каждого христианина.

ЛЮБИТЕ СВОЕГО БЛИЖНЕГО

Т. Б. Джошуа, Церковь «Синагога», Воскресное Служение 9 Июня 2019 г.

Величайшим в глазах Бога является тот, кто любит своего ближнего.

«Кто говорит: «я люблю Бога», а брата своего ненавидит, тот лжец: ибо не любящий брата своего, которого видит, как может любить Бога, Которого не видит? И мы имеем от Него такую заповедь, чтобы любящий Бога любил и брата своего». (1 Иоанна 4:20,21)

Бог измеряет нашу жизнь по нашей любви к Нему и к ближнему. Вы не можете любить Бога, не любя своего ближнего. Бог знает, что, если вы на самом деле не любите своего ближнего, вы не сможете любить Его. Ваш ближний может быть вашим врагом или тем, кто не разделяет с вами той же веры. Давайте любить друг друга независимо от нашей религии или расы, потому что любовь исходит от Бога. Кто не любит, тот не знает Бога, потому что Бог есть любовь (1 Иоанна 4:7–8, 11,12)

Как мы можем измерить нашу любовь к Богу? Практическими вещами в нашей жизни. Мы измеряем нашу любовь к Богу количеством раз, которое мы ежедневно с любовью думаем об Иисусе, степенью жажды, с которой мы читаем Его Слово — я имею в виду количество времени, которое мы уделяем, чтобы читать Его Слово, радость, с которой мы берем Его Слово в наши руки, когда мы наедине с Ним. Чем больше мы любим Его, тем дороже станет для нас Его Слово. Если вы достаточно любите Иисуса, вы сделаете своей привычкой говорить: «Я люблю Тебя, Иисус»; когда вы идете в другую комнату, говорите: «Я люблю Тебя, Иисус»; когда вы садитесь, чтобы вести машину, говорите: «Я люблю Тебя, Иисус»; когда вы останавливаетесь на светофоре, говорите: «Я люблю Тебя, Иисус». Первым, о ком вы думаете утром и последним, о ком вы думаете ночью, должен быть Иисус.

Сколько вещей вы изменили в своей жизни из-за своей любви к Богу? Бог говорит, что мы не должны лгать. Вы перестали лгать, так как хотите угодить Ему? Вы перестали разрушать, потому что хотите угодить Иисусу... и так далее. Как вы распоряжаетесь деньгами? Как сэкономить, чтобы дать больше нуждающимся? Как вы используете свое свободное время, потому что любите Иисуса? Как вы меняете свои приоритеты из-за своей любви к Иисусу?

Чем малым вы пытаетесь благословить других из-за своей любви к Иисусу? Как часто вы говорите: «Да благословит вас Бог»; как часто вы намеренно улыбаетесь другим ради Иисуса? Как часто вы пытаетесь сохранить улыбку на своем лице, когда едете по улице или заходите в магазин, ради Иисуса? Чем больше вы любите Бога, тем больше вы любите своего ближнего.

«Если любите Меня, соблюдите Мои заповеди. И Я умолю Отца, и даст вам другого Утешителя, да пребудет с вами вовек». (Иоанна 14:15,16)

Как мы любим Бога? Делая то, что хочет Бог. Мы проявляем нашу любовь к Нему не на словах, а на деле и истине; так вы можете продемонстрировать свою любовь. Это не только ходить в церковь, танцевать или читать Библию. Если любите Бога, соблюдайте Его заповеди. Как мы соблюдаем Божьи заповеди? Нам заповедано любить.

Бог не спрашивает, хотите ли вы любить. Как христианине, мы обязаны любить друг друга. Людьми нас делает не способность думать, а способность любить. Это означает, что любовь — это жизнь: если вы упускаете любовь, вы упускаете и жизнь. Не стоит любить по эгоистичным, классическим или материальным причинам, нам нужно любить лучше. Если вы хотите больше любить, вам следует начать с того, кто вас ненавидит. Если вы хотите больше любить, вам следует начать с того, кто испытывает к вам плохие чувства, кто не видит в вас ничего хорошего, кто вас критикует; Поступая так, вы подражаете любви Иисуса, как Он показал в Луки 23:34: *«Отче, прости им».*

Обратите внимание на слово «они», потому что оно включает и обидчика, и обиженного. Другими словами, Иисус говорил: «И правильное, и неправильное, Отец прости им; и плохое, и хорошее, Отец прости им». Если вы любите многих людей, но есть те, кого вы не любите, потому что они вас ненавидят, испытывают к вам плохие чувства или критикуют вас, тогда ваша любовь — ничто.

«Вы слышали, что сказано: «люби ближнего твоего и ненавидь врага твоего». А Я говорю вам: любите врагов ваших, благословляйте проклинающих вас, благотворите ненавидящим вас, и молитесь за обижающих вас и гонящих вас, да будете сынами Отца вашего Небесного, ибо Он повелевает солнцу Своему восходить над злыми и добрыми и посылает дождь на праведного и неправедного». (Матфея 5:43–45)

Бог дает солнечный свет и дождь всем, Свои благословения

здоровья и долгой жизни всем. Он любит всех той же бесконечной любовью, которой любит вас. Спросите себя: «До какой степени моя любовь подобна Его любви?» Ничто так не заставляет нас любить человека, как молитва за него. Сколько ваших соседей в вашем ежедневном молитвенном списке? Ваша любовь действительно ходатайственная любовь? Сможете ли вы встать за них в проломе? Можете ли вы радоваться, когда они радуются? Это вопрос, на который вам нужно ответить.

Любовь освобождает нас в настоящем. Помните, что именно настоящее создает проблемы. В настоящее время мы можем отвечать Богу и другим только через любовь. Чтобы ответить Богу, сначала вы должны простить себя и своих ближних.

Любовь смотрит по сторонам, чтобы увидеть тех, кто в ней нуждается. Если у вас нет любви, ваша вера не будет действенной, потому что вера действует любовью (Галатам 5:6). Это означает, что любовь является самым важным элементом, потому что это сила, которая заставляет веру работать.

Как христиане, мы известны своей любовью. Это означает, что Иисус узнает вас не по имени, а по вашей любви. Любовь ради Бога не ждет награды; когда мы любим ради Бога, мы сеем в Дух, потому что любовь, которую мы отдаем — это единственная любовь, которую мы получаем.

Дорога в Небеса

«Если вся наша надежда на Христа связана только с этой жизнью, мы несчастнее всех людей». (1 Коринфянам 15:19 Современный Перевод)

Эти слова из Библии бросают всем нам вызов. Большинство из нас сильно заботит эта жизнь — мы хотим крепкого здоровья, хорошо оплачиваемой работы, хорошего места для жизни, счастливой семьи и т. д. И часто это то, о чем мы молимся Богу. Но что в этой жизни будет иметь значение в последний день, день, когда, как выразился К. С. Льюис:

> «...притупляющий чувства туман, который мы называем «природой» или «реальным миром», рассеивается, и (Его) Присутствие, в котором вы всегда находились, становится ощутимым, неоспоримым и неизбежным?»[62]

И сама История, и наполненные верой наставники прошлых лет говорят нам, что жизнь хрупка и в независимости от того, будет ли она долгой или короткой, мы все придем к окончательному расчету. Как мы можем отозваться на эту данность практически вместо того, чтобы отодвинуть данное осознание на задний план?

Т. Б. Джошуа призвал нас свести все счета сегодня:

> «Мы должны проживать каждый день нашей жизни так, как если бы он был нашим последним днем, потому что наш последний день на земле может стать таким неожиданным. Помните — жизнь неопределенна, смерть — неизбежна,

---

грех — причина, а Христос — лекарство. Осознание того, что жизнь неопределённа, должно повлиять на то, как мы живем сегодня».

Он научил нас, что решения, которые мы должны принимать — это решения, которые принесут пользу нашему будущему, а не настоящему.

«Лучше страдать сегодня и удовлетвориться завтра. Бог больше обеспокоен вашей вечной славой, нежели нынешним удобством».

В этом мире будут трудности (Иоанна 16:31) — это неизбежно. Но мы не должны унывать.

«А страдания наши ничтожны и временны, они несоизмеримы с тем вечным обилием славы, которую они нам даруют нам». (2 Коринфанам 4:17 Современный Перевод)

Этот мир — не наш дом; мы в нем просто гости. Поэтому мы не должны позволять нашей ситуации определять наше направление. Наши благословения не должны определять, где мы должны жить или кем должны быть наши друзья. Например, Т. Б. Джошуа не переехал в более процветающий район после того, как церковь выросла, но позволил лишь одному Богу направлять его пути.

Такое мировоззрение оказывает глубокое влияние на все сферы жизни. В этой жизни упор делается не столько на наслаждение настоящим, сколько на том, чтобы оставаться верным до конца. Важно, как мы пробежим «наше поприще».

«Рухнет дерево наземь к северу или к югу —где упало, там и останется». (Екклесиаст 11:3)

Как часто говорил человек Божий:

«Не тот, кто начал работу наслаждается ее результатом, но тот, кто закончил».

Когда придет время для суда Божьего, нам необходимо обнаружить себя в положении веры, чтобы мы могли наслаждаться благами вечного спасения через Искупительную жертву Христа.

А как насчет нашего отношения к смерти? Если мы не являемся частью этого мира и Небеса — наш дом, то быть призванными домой — это не то, чего нужно бояться, а то, чего следует с нетерпением ожидать. Как сказал об этом Т. Б. Джошуа:

> «Смерть для верующего — это его освобождение из заточения в этом мире и переход к наслаждению другим миром. Те, кто рождены свыше, стремятся быть там».

Многие восторженные верующие вдохновляются этим истинам, но на самом деле мы все еще можем чувствовать себя в этом мире как дома.

Проповедь под названием «Времена и Сезоны», которую произнес Т. Б. Джошуа в марте 2008 года, помогла нам лично пройти путь от вдохновения к реальности. Он рассказывал о разочаровании Петра на берегу моря после неудачной ночной рыбалки перед встречей с Иисусом (Луки 5). Необходимый шаг на пути к реальности — это испытать пустоту этого мира:

> «Когда мы устали до тошноты от своих мирских дел и разочарованы нашими занятиями, мы пригашаемся ко Христу. Помните, пока мир занимает существенную часть в нашей жизни, Христос остается оттеснен в сторону... Он позволяет нам исчерпать все мирские преимущества, которые, по нашему мнению, у нас есть, чтобы, усвоив нужные уроки, мы ценили Его.
>
> Иисус не имел бы ничего общего с Петром, если бы Петр не осознал превратности жизни. Он так до тошноты устал от мира, что был готов принять высший порядок Христа. В новом порядке Христа царит мир Божий так как дает Христос, а не так как дает этот мир»

Мы благодарим Бога за то, что достаточно пережили мир, включая его «успех», чтобы осознать его пустоту. Как сказано в современной христианской песне:

> «В этом мире есть все, но он ничто для меня. Все, что бы я мог пожелать, но мне ничего в нем не нужно».[63]

Такой как Есть

Нет оправданий у меня,

---

63 *Этот Мир.* Аарон Тэйт. ©1994 Cumbee Road Music.

> *Лишь кровь пролитая Твоя.*
> *Я знаю, что зовёшь к Себе,*
> *О Агнец, я иду к Тебе.*

Этот известный старый гимн, который Фиона помнит, как пели в тот вечер, когда она откликнулась на призыв к алтарю в 1973 году, также являлся любимым гимном Билли Грэма на его евангелизациях. Он был исполнен в Церкви «Синагога» в июле 2012 года на служении в память о президенте Ганы Атта Милсу, который прославился, занимая высший пост в своей стране.

В продолжении гимн звучит так:

> *Такой как есть, хоть рвут меня*
> *Конфликты и сомнения*
> *Со страхом и борьбой во мне*
> *О Агнец, я иду к Тебе*
>
> *Иду как есть, не буду ждать*
> *Пока очистится душа*
> *Омоюсь кровью лишь Твоей*
> *О Агнец, я иду к Тебе*
>
> *Как есть я, жалок, нищ и слеп*
> *Богатства, исцеленье, свет —*
> *Что нужно мне — в Тебе найду*
> *О Агнец, я к Тебе иду*
>
> *Таким как есть меня возьмёшь*
> *Простишь, очистишь, призовёшь*
> *Облегчишь; верю в Твой обет*
> *О Агнец, я иду к Тебе*

Сила и реальность, стоящие за этими словами, рождены в жизни писателя, прожитой в боли и болезнях, но при этом в терпеливом принятии Божьей благости.

Т. Б. Джошуа сказал:

> «Смотрите на вашу ситуацию как на возможность почтить Бога, так же, как и на возможность для Бога прославить Свое имя».

Многие люди восхищались гимном Шарлотты Эллиот даже при ее жизни. Вскоре после ее смерти, ее брат, преподобный Генри Венн Эллиотт, признался редактору сборника гимнов Эдварду

Генри Бикерстеду:

> «В ходе долгого служения, я надеюсь, мне было позволено увидеть некоторые плоды своих трудов, но я чувствую, что одним гимном моей сестры было сделано гораздо больше».[64]

Почему я привожу в пример именно этот гимн? Потому что Иисус видит скрытые жертвы и то, как мы отвечаем на трудности, а не только внешние действия или слова. Именно «сила, стоящая за действиями» определяет результат, а не само действие.

Как Т. Б. Джошуа бросил вызов членам своей церкви, обращаясь к ним на «Молитвенной горе» в 2006 году:

> «За что будут помнить вас, когда вы перейдете к славе? Чем запомнились апостолы? Не их женами, детьми или имуществом, а высшей ценой, которую они заплатили за то, чтобы принести нам Евангелие. Вы должны помнить о той цели, для которой вы были созданы».[65]

ПУТЬ В НЕБЕСА

Возвращаясь к служению в памяти президента Атта Милса, Т. Б. Джошуа сказал еще одно обнадеживающее, но отрезвляющее послание:

> «Чтобы попасть на Небеса, вы должны следовать путем Креста. Дорога в Небеса начинается по эту сторону смерти, и вход очень легко найти. Библия говорит, что всякий, кто призовет имя Господа, будет спасен.
>
> В Послании к Римлянам 10:1–13 Павел говорит, что дорогу в Небеса не трудно найти и не трудно добраться до нее. На верном ли вы пути в Небеса? Ответ прямо перед вами в Слове Божьем.
>
> В Иоанна 14: 6 Иисус сказал: «Я есмь путь, истина и жизнь. Никто не приходит к Отцу, как только через Меня». Он умер за наш грех — сломил силу смерти воскресением. Вам не

---

64 Бикерстет Э. (1872 г.). *Сборник Гимнов к Книге Общих Молитв*, аннотированное издание Sampson Low & Co. Примечание 114

65 *Ответственное Использование Благословений.* Послание Т. Б. Джошуа на «Молитвенной горе», 2 марта 2006 г.

нужно бояться того, куда вы идете, когда вы знаете, что Иисус идет с вами. Вы не одиноки.

Смерть — это не точка; это лишь запятая, и причина тому — смерть и воскресение Иисуса Христа, если вы поверите в Него. Любой день, даже сегодня, может стать нашим последним днем на Земле. Нам нужно быть уверенными, что мы готовы. Вы уверены?

Независимо от того, молоды вы или стары, важна благодать продолжить жизнь после. Человек может умереть молодым, но при этом будет доволен жизнью. Но злой человек не удовлетворен даже долгой жизнью. Продолжать доверять Богу — это единственный способ подготовиться к тому, к чему мы не готовы.

Если вы готовы умереть, вы готовы и жить. Я молюсь за вас, чтобы, когда придет пора вам уходить, вы знали имя Иисуса».[66]

Кто Есть Христианин?

«Настоящие Христианин — это любой, кто полагается на Божью благодать и доверяет свое спасение одному Христу».

В этом суть христианства — не религии, а отношений с Иисусом Христом по вере. Отношения, выходящие за пределы могилы, освобождают тех, *«которые от страха смерти через всю жизнь были подвержены рабству».* (Евреям 2:15)

Пророк Т. Б. Джошуа регулярно напоминал своим слушателям об основах веры. В своем Пасхальном послании 2020 года, проповедуемом из студии «Emmanuel TV» он сразу задавал вопрос: Кто Есть Христианин?

Как Божий служитель, я видел, что люди приводят множество причин для того, чтобы называть себя христианами. Например, они говорят: «Я родился христианином и вырос в церкви». «Я христианин, потому что мои родители верующие». «Я христианин, потому что я издаю Библии». «Я христи-

---

66 *Дорога в Небеса.* Проповедь Т. Б. Джошуа в Церкви «Синагога», Воскресное Служение, 29 июля 2012 г.

анин, потому что убежден, что Иисус — Сын Божий». Я вижу проблемы с этими ответами в том, что они не упоминают единственную причину, по которой кто-то может быть квалифицирован как христианин.

Вот в чем проблема. Вы можете посещать церковь, и не быть христианином. Вы можете читать Библию, и не быть христианином. Вы можете избавиться от вредных привычек и попытаться быть глубоко нравственным человеком, но при этом не быть христианином. Все эти привычки хороши сами по себе, но одни поступки и действия не делают человека христианином.

Кто же тогда христианин? Христианин — это человек, которого Бог простил через завершенную работу Иисуса Христа на Кресте, как сказано в Послании Титу 3:3–6. Мы христиане из-за завершенного дела Иисуса Христа на Кресте. Человек — грешник, когда не соответствует Божьим стандартам. Бог сошел на землю в лице Иисуса Христа, умер за нас и заплатил за наши грехи. Через нашу веру в Него мы получаем Его праведность, и мы получаем Его прощение наших грехов и дар вечной жизни.

Иисус умер на кресте за меня и вас. Он умер за нас, Он любит нас, и когда мы открываем свое сердце — Он прощает нас. Позвольте мне взять вас в Книгу Деяний Апостолов, глава 16, стихи с 30 по 31. Это история тюремного стража, который однажды задал Апостолу Павлу самый важный вопрос: что мне делать, чтобы спастись? Павел ответил: «Верьте в Господа Иисуса; вы будете спасены». Вот в чем суть: быть христианином не в том, что вы делаете; а в том, что сделал Христос Иисус. Он любит нас, Он умер за нас, и Он прощает нас, когда мы открываем наши сердца, чтобы верить.[67]

Молитвы Посвящения

Если вы не знаете Господа Иисуса или хотите заново посвятить Ему свою жизнь, вы можете помолиться этой молитвой:

Господь Иисус, Ты нужен мне. Я грешник.

---

67 *Кто Есть Христианин?* Послание Т.Б. Джошуа, прямой эфир Воскресного Служения «Emmanuel TV», 12 апреля 2020 г.

Войди в мое сердце; Омой меня Твоей драгоценной кровью.
Спаси мою душу сегодня, Во имя Иисуса Христа.

Если вы подчинились воле Бога и хотите больше узнать о Его направлении для своей жизни, вы можете молиться:

Господь Иисус, я предал себя Твоей воле;
Я готов пойти туда, куда Ты хочешь, чтобы я пошел,
Сказать все, что Ты хочешь, чтобы я сказал,
Быть тем, кем Ты хочешь, чтобы я был.
Я готов, Господь; теперь я готов!
Время коротко — мир подходит к концу.
Я не хочу тратить время зря.
Скажи мне, что мне делать. Отдавай мне Твои приказы.
Я обещаю подчиниться всему, что Ты желаешь от меня.
И принять все, что Ты позволишь случиться со мной.
Дай мне знать только Твою волю.

Т. Б. Джошуа всегда призывал новых верующих найти живую церковь и участвовать в ее жизни. Но помните, что суть истинной церкви — это Христос в вас, надежда славы. В Судный День вопрос будет не в том, кому поклонялись в этой церкви или в той церкви, или кто был епископом, пастором или пророком, но кто поклонялся Богу в духе и истине (Иоанна 4:24). Важно состояние вашего сердца.

Вы должны задать себе следующий вопрос: проживаете ли вы каждый день так, как если бы он был вашим последним?

Как вы распоряжаетесь вашей жизнью? Как вы проводите свою жизнь? Потому что лучший способ использовать жизнь — это потратить ее на то, что переживет вашу жизнь. Например, с каждым днем любите кого-то все сильнее. Когда вы оглянетесь вокруг, вы увидите кого-то, кому нужно то, что есть у вас — ваша любовь, ваша помощь, ваша сила, ваше время, ваша улыбка или ваше слово поддержки, чтобы направить их на верный путь.

Сохранить наши сердца готовым к Его святому взору и ответить на Его зов — вот наша задача.

Живите каждый день так, как если бы он был вашим последним днем. Когда-нибудь этот момент настанет.

ЭПИЛОГ

Т. Б. Джошуа был пророком нашего времени, который учил Слову Божьему, принося обличение через осознание греха и необходимость более серьезно относиться к следованию за Богом, уверенность в том, что Бог реален и что Иисус Христос скоро вернется.

Слово Божье преобладало в его мышлении, что отражалось в том, как он справлялся с трудностями и противостоянием Евангелию. Он спокойно говорил: «Я вижу вещи по-другому», и его слова приносили мир.

Во все времена были такие «Отцы в Господе», которые не соответствовали своему времени (и следовательно, вызывали противоречия), но чье духовное наследие имеет потенциал формировать будущие поколения.

Сегодня в христианском мире существует острая потребность в объединении эффективного применения Слова Божьего и проявления силы Святого Духа. Мы видели убедительные доказательства этого за последние два десятилетия.

Несмотря на это Т. Б. Джошуа очень ясно дал понять, что он еще не «достиг»; он все еще жаждал большего от Бога, и кто знает, что нас ждет в будущем?

«Истинно, истинно говорю вам: верующий в Меня, дела, которые творю Я, и он сотворит, и больше сих сотворит, потому что Я к Отцу Моему иду». (Иоанна 14:12)

На протяжении многих лет он не скрывал своего желания увидеть людей в служении, которые пойдут дальше и сделают больше, чем он сам. Он вложил всю свою жизнь в наставничество.

«Как ни странно, но все же абсолютно истинно — слабые, наполненные силой Божьей, совершат труд Отца!»

Для тех чья жизнь сосредоточена во Христе Иисусе, лучшее всегда впереди!

Об Авторах

Гэри и Фиона Тонг родились в Англии в конце 1950-х годов. К 1973 году, когда «Движение Иисуса» принесло волну обновления, они оба пережили встречу с Иисусом Христом, которая радикально изменила направление их жизни. Принимая активное участие в церковной жизни в качестве старейшин, непрофессиональных проповедников и молодежных лидеров, они имели возможность путешествовать, чтобы увидеть силу Божью в свидетельствах исцеления и освобождения в различных частях мира в 1990-х и начале 2000-х годов.

Гэри защитил диплом с отличием в области электроники и Докторскую степень по математике в Саутгемптонском университете. Он сделал успешную карьеру, присоединившись к правлению Независимой Телевизионной Комиссии Великобритании в возрасте 30 лет, прежде чем с 2004 года начал заниматься консультированием и волонтерской христианской деятельностью. Дипломированный инженер с более чем 35-летним стажем, он является научным сотрудником Королевской Инженерной Академии и Инженерно-Технологического Института.

Фиона — бывшая медсестра, которая недавно получила степень Магистра в сфере Международного Менеджмента Стихийных Бедствий от Манчестерского Университета.

Последние два десятилетия они путешествовали по поручению Т. Б. Джошуа в составе команды «Emmanuel TV» для подготовки евангелизационных мероприятий на стадионах и координации гуманитарных проектов по всему миру.